Das Geheimnis der LebensBalance

Cay von Fournier

Das Geheimnis der LebensBalance

Für León und Mira

ISBN 3-926258-28-4

1. Auflage 2003, SchmidtColleg GmbH & Co. KG
© 2003, SchmidtColleg GmbH & Co. KG, Berlin

Alle Rechte, auch die des auszugsweisen Nachdrucks, der fotomechanischen Wiedergabe (einschließlich Mikroko-pie) sowie der Auswertung durch Datenbanken oder ähnlichen Einrichtungen vorbehalten.

Inhaltsverzeichnis

Vorwort

Eines der wohl wichtigsten Anliegen der Teilnehmer meiner Seminare „UnternehmerEnergie" und „Lebens-Energie" ist:

Ein ‚Leben in Balance'.

Aus diesem Grund habe ich meine Zeit genutzt, um Gedanken zu mehr LebensBalance in unserem Leben niederzuschreiben.

Ein Leben, in dem es uns gelingt alle wichtigen Bereiche unseres Lebens gleichsam „unter einen Hut" zu bringen. Den beruflichen Verpflichtungen gerecht zu werden und dennoch Zeit zu haben für die Familie - die eigene Fortbildung nicht zu vernachlässigen, ebenso wenig wie die Gesundheit und körperliche Fitness - mit Finanzen im Reinen zu sein und einen guten und interessanten Freundeskreis zu pflegen - zu wissen, dass unser Leben sinnvoll ist und wir einen positiven Beitrag in dieser Welt leisten können.

Die Freude darüber wäre so groß.

Wir müssen das scheinbar Wichtige und Große loslassen, um im unscheinbaren Kleinen das Große und Wunderbare zu entdecken.

Dann werden wir uns im Großen wie im Kleinen, von ganzem Herzen freuen können - jeden Tag aufs Neue.

Das klingt utopisch, denn wir alle wissen, dass unser Alltag anders aussieht, dass wir gehetzt werden (uns selber hetzen) und dass von LebensBalance häufig keine Spur zu finden ist. Wir geben uns der gefährlichen Strategie hin, dass es später einmal besser wird – wenn wir eben den beruflichen Durchbruch geschafft haben oder gleich in den nächsten Ferien, oder morgen, oder übermorgen, nächste Woche oder nächstes Jahr, oder wenn es zu spät ist.

Balance hat nichts damit zu tun, für alle Lebensbereiche genau die gleiche Zeit zu verwenden, aber sehr viel damit, jeden Lebensbereich mit der gleichen Begeis-

terung zu pflegen. Es geht darum, mit Begeisterung und Energie zu leben. Die fehlende LebensBalance hält uns nicht nur davon ab, sie ist auch die Ursache. Gewinnen wir unsere LebensBalance zurück, so leben wir auch wieder voll Begeisterung und Energie. Das ist ein Anliegen meiner „Energie-Seminare" und meiner Fortführung des SchmidtColleg in den nächsten drei Jahrzehnten und das Anliegen dieses Buches.

Bei dem Buch war es mir besonders wichtig, dass Sie die Lektüre nicht von Ihrer LebensBalance abhält, sondern diese fördert. Daher können Sie das Buch auf irgendeiner Seite aufschlagen, sich inspirieren lassen und einfach loslesen.

Viele von den hier vorgetragenen Gedanken kennen Sie schon – ich möchte Sie ermutigen, das zu tun, was Sie wissen.

Das Edelste, was ich zu hoffen wage, ist, die Menschen an das zu erinnern, was sie bereits wissen.

Sokrates

Bücher sind ein wundervoller Weg unsere Gedanken zum Tanz aufzufordern. In diesem Sinn möchte ich Ihre Gedanken einladen, sich in Balance zu bewegen, denn es gibt ihn nicht, den „Hut", unter den wir alles bringen wollen - wir tragen ihn auf unserem Kopf, oder besser - wir tragen ihn in uns, jeden Tag.

Entdecken Sie den Weg zu mehr LebensBalance in Ihrem Leben.

Das wünscht Ihnen von Herzen,
Ihr

Cay von Fournier

Berlin, im Sommer 2003

Gib den Menschen einen Fisch, und du ernährst sie einen Tag.
Lehre sie das Fischen, und du ernährst sie ein Leben lang.
Asiatische Weisheit

Was ist Ihnen wirklich wichtig?

Haben Sie darauf eine klare und deutliche Antwort?

Gesundheit - eine harmonische und liebevolle Partnerschaft - fröhliche und gut geratene Kinder - eine große und glückliche Familie - meinen Glauben leben können - ein Beruf, der mich mit Freude ausfüllt - Anerkennung und Erfolg - finanzieller Erfolg, vielleicht sogar finanzielle Freiheit - eine hervorragende Ausbildung - Zeit für ein gutes Buch - Wissenschaft - anregende Freundschaften - Ruhe - Reisen - Zeit für mich - Natur - persönliches Wachstum - mein Lieblingshobby pflegen - Vitalität und Lebens-Energie - Musik - Kunst - Freiheit - etwas Sinnvolles tun und etwas Wichtiges hinterlassen ...

War etwas für Sie dabei?
Was ist Ihnen wirklich wichtig? Haben Sie das aufgeschrieben? Lesen Sie das ab und zu nach? Richten Sie Ihr tägliches Handeln danach aus?

Hand aufs Herz: Wie sieht denn Ihre Realität aus?

Was von all dem, das Ihnen wichtig ist, hat auch diesen Stellenwert in Ihrem Leben? Haben Sie ausreichend Zeit für Ihren Partner, Ihre Kinder, Ihre Gesundheit, Ihre Freunde, Ihr berufliches Fortkommen, Ihr persönliches Wachstum, Ihre Hobby, ... ?
Nein? Wann werden Sie diese Zeit denn haben? - Morgen? - Nächste Woche? - Nächstes Jahr? - In fünf Jahren? - Vielleicht nie?

Arbeitsstress - Freizeitstress - Familienverpflichtungen - gesellschaftliche Verpflichtungen - zu wenig Geld - zu wenig Zeit - Zukunftssorgen - Angst - Krankheiten - fehlende Energie - Alltagskram - Hektik - Fehler der Anderen - Telefon, Fax und eMail - ...

All das steht Ihnen im Weg zu Ihrer LebensBalance? Wenn der Tag nun 48 Stunden hätte! - Schon einmal gehört? - Was wäre dann?

Es wären dann eben 48 Stunden Stress, Hamsterrad und Unzufriedenheit.

Sie haben es in der Hand. Es ist Ihr Leben - Ihnen geschenkt, ohne Garantie und Sicherheit, ohne Stress und Hetze - 90 Jahre und mehr Zeit, die Sie nutzen können - mehr als 32.850 Tage, die Sie gestalten können - 788.400 Stunden, in denen Sie sich freuen können - mehr als 47 Millionen Minuten, in denen Sie laut lachen könnten - tief einatmen - das Leben bewusst wahrnehmen - einen Menschen trösten - einem anderen helfen - an einer Blume riechen - die Sonne genießen - einem Vogel nachsehen oder mehr als 2,8 Milliarden Sekunden Zeit zu leben.
Und Sie wollen mir erzählen, dass Sie keine Zeit haben?

Es ist nicht zu wenig Zeit, die wir haben, sondern es ist zu viel Zeit, die wir nicht nutzen.

Seneca

Mein Tipp für den Anfang:

Leben Sie in der Gegenwart so, wie Sie die Zukunft gerne hätten!

Es wird sich nämlich nie etwas ändern, außer SIE ändern sich auch. Dann ändert sich die Welt. In vielen Fällen habe ich erlebt, wie gesundheitliche Probleme oder Unfälle die Lebensführung von Menschen schlagartig geändert haben. Diese Menschen mussten sich ganz plötzlich neu orientieren und die Balance in ihrem Leben finden. Lassen Sie es nicht so weit kommen. Es kann zu spät sein.

Wir haben Bedürfnisse unserer Seele, unseres Geistes, unseres Körpers und unseres Herzens. Wenn Sie diese Bedürfnisse vernachlässigen, werden Sie im Leben viel Leid erfahren. Wenn Sie auf diese Bedürfnisse eingehen, werden Sie persönlich wachsen und in Balance leben.

Was wollen Sie?

Leiden oder in Balance glücklich sein?

Strebe nach Ruhe,
aber durch das Gleichgewicht,
nicht durch den Stillstand
deiner Tätigkeiten.
Friedrich Schiller

Was verstehen Sie unter LebensBalance?

„Stell dir vor, das Leben ist ein Spiel, in dem du fünf Bälle in der Luft jonglierst. Du nennst sie Arbeit, Familie, Gesundheit, Freunde und Geist, und du hältst all diese Bälle in der Luft. Sehr schnell wirst du verstehen, dass die Arbeit ein harter Gummiball ist. Wenn du ihn fallen lässt, wird er zurückspringen.

Aber die anderen vier Bälle – Familie, Gesundheit, Freunde und Geist – sind aus Glas. Wenn du einen von ihnen fallen lässt, werden sie unwiderruflich zerkratzt, beschädigt, eingedellt oder sogar zerspringen. Sie werden nie mehr die Gleichen sein. Du musst das verstehen und für Balance in deinem Leben sorgen"

Brian Dyson – ehemaliger Chef von Coca-Cola

- Was verstehen Sie unter LebensBalance?
- An welche Bereiche in Ihrem Leben denken Sie?
- Was kommt derzeit zu kurz?
- Was wird langfristig zu kurz kommen?

Überlegen Sie sich die Antworten gut, denn erst, wenn wir wissen, was wir unter einem bestimmten Zustand verstehen, wird es uns auch gelingen, diesen zu erreichen. Oft möchten Menschen glücklicher, wohlhabender, gesünder, sportlicher, attraktiver, ausstrahlender, zufriedener, harmonischer... werden, ohne zu wissen, was genau sie damit meinen. Vor allem wissen sie so nicht, wie sie merken werden, wenn der Zustand, den sie sich wünschen, erreicht ist. Da dies vage und ungenau ist, gibt es weder einen Grund uns täglich neu anzustrengen, noch wird es einen Zeitpunkt geben, an dem wir wirklich zufrieden und glücklich sein werden.

Als sie das Ziel aus den Augen verloren, verdoppelten sie ihre Anstrengungen.

Mark Twain

Oder um es noch deutlicher zu formulieren:

Wir haben uns zwar verirrt, aber wir machen gute Fortschritte.

Bevor wir aber über mein Modell der LebensBalance sprechen, lassen Sie uns zunächst einmal überlegen, was LebensBalance ist, und was LebensBalance nicht ist:

Ohne LebensBalance werden wir letztlich nicht glücklich werden, denn immer fehlt uns etwas. Wir sollten uns auch nicht der Illusion hingeben, in allen Bereichen perfekt sein zu müssen. Aber wir sollten auch mit der Illusion aufhören, einen Bereich unseres Lebens einfach ausblenden zu können.

Wenn wir über Lebensbereiche sprechen, welche meinen wir damit?

Beruflich und Privat?

Aber hat der Mensch nicht mehrere Teil-Leben in den verschiedenen Bereichen?

LebensBalance heißt ...

- ... in allen Lebensbereichen voll Lust zu leben.

- ... präsent zu sein. Ein lustvolles Leben setzt Präsenz voraus. Wenn Sie sich zum Beispiel Zeit nehmen für Ihre Kinder, dann seien Sie anwesend, nicht nur körperlich, sondern mit all Ihren Sinnen.

- ... achtsam mit jedem Lebensbereich umzugehen.

- ... nicht, jede Woche in allen Lebensbereichen die gleiche Menge an Zeit zu verbringen.

- ... nicht, jeden Tag Zeit für alle Lebensbereiche zu haben.

- ... aber, jede Woche alle Lebensbereiche zu berücksichtigen.

- ... jeden Monat intensiv Zeit für jeden einzelnen Lebensbereich einzuplanen.

- ... Zeit nicht starr für Lebensbereiche einzuteilen, sondern nach unseren Bedürfnissen.

- ... nicht, alles zur gleichen Zeit sein oder tun zu wollen.

- ... ein Leben in Harmonie zu führen unter Berücksichtigung aller Lebensbereiche.

- ... sich um sich selbst zu kümmern.

- ... sich um seine Seele kümmern.

- ... sich um seinen Körper kümmern.

- ... sich um seine geistige Weiterentwicklung kümmern.

- ... sich um seine Gedanken kümmern.

- ... sich um seine Gefühle kümmern.

- ... Ausgeglichenheit je nach Lebenssituation.

Der Mensch als Individuum

Die Lebensbereiche, die für alle Menschen relevant sind, lassen sich über den Begriff Individuum herleiten.

„Individuum" aus dem Lateinischen besteht aus folgenden Wortteilen:

Individuus: nicht teilbar, unteilbar
duum: zwei (Altlatein)

Ein Individuum ist somit eine unteilbare Zweiheit.

Die beiden Elemente, die in allen großen Weltreligionen beschrieben werden, sind Seele und Körper. Als Individuum, also als Einzelperson und lebender Mensch, ist es die Unteilbarkeit von Seele und Körper.

Diese beiden Bereiche sind die Basis unserer Existenz, der Ursprung auch unseres Denkens und Fühlens. Häufig wird von **Körper, Geist und Seele** gesprochen, in vielen Gesundheitslehren und auch in verschiedenen Religionen. Seien wir hier an dieser entscheidenden Stelle bitte etwas genauer. Das Wort Individuum beschreibt die ursprüngliche Polarität zwischen „Unstofflichem" und „Stofflichem".

Für viele weitere Betrachtungen wird es oft um diese beiden Ebenen gehen. Die Ebene des Geistes und die der Materie. So kann diese Grafik, die den Menschen als Individuum darstellt als Geist-Materie beschrieben werden.

Mit dem Wort Geist möchte ich vorsichtig sein und als Geist auf den Begriff Gott verweisen (... und der Geist Gottes schwebte auf dem Wasser. 1. Mose 1,2). Im Englischen übersetzt mit „spirit" und abstammend von dem lateinischen Wortstamm „spiritus", was für Seele und Geist steht. Das Wort Spiritualität heißt nach dem Duden nichts anderes als Geistigkeit, im Gegensatz zur Materialität. Leider wird Spiritualität heutzutage negativ besetzt und mit Zauberei in einen Topf geworfen. Vom Wortstamm her ist es eine neutrale Beschreibung der geistigen Welt um uns herum.

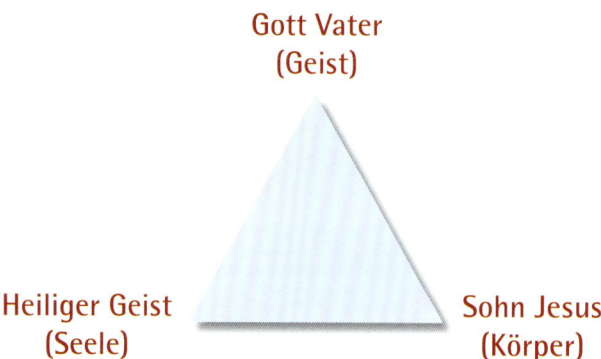

Gott Vater
(Geist)

Heiliger Geist
(Seele)

Sohn Jesus
(Körper)

Die Dreieinigkeit des Christentums, die Theologen und Geisteswissenschaftler vor komplexe Fragen stellt, möchte ich an dieser Stelle deuten, um herzuleiten, was mit LebensBalance in diesem Buch gemeint ist. Ich möchte damit meinen Beitrag zu den Fragestellungen rund um die Dreieinigkeit leisten.

Die Bedeutung des Individuums Mensch basiert auf dem Zusammentreffen des Heiligen Geistes und des Körpers, wie wir es in der Gestalt Jesus Christus erfahren haben. Der Geist Gottes ist dabei für uns zu unermesslich, als dass wir hierüber spekulieren sollten. Auch wenn manche Menschen uns als kleine Götter auf Erden sehen, so wäre ich mit solchen Formulierungen eher vorsichtig. Bisher kam nichts Gutes dabei heraus, wenn Menschen sich für Götter hielten. Über den Geist nachzudenken, der alles erschaffen hat, führt in die Metaphysik und in tief religiöse Fragen, die nicht Gegenstand dieses Buches sein sollen. An den Grenzen unseres menschlichen Verständnisses sind viele große Naturwissenschaftler zu Metaphysikern geworden, zum Beispiel Albert Einstein.

Die Betrachtung der Seele und des Körpers als zwei Wesensbestandteile des Individuums sind daher wichtig, da es sich auch um zwei zentrale Bereiche in unserem Leben handelt.

Die Dreieinigkeit von Geist, Seele und Körper ist somit kein Widerspruch zu der Herleitung, die in diesem Buch beschrieben wird. Der Geist wird Materie, dies ist ein Grundgesetz unseres Lebens, ebenso wie der Geist die Materie prägt und dominiert, nicht umgekehrt.

Bleiben wir bei Seele und Körper, den zwei Lebensbereichen, die gerade heutzutage am meisten vernachlässigt werden.

Ein Verlust an „Sinn im Leben" ist die Folge der Vernachlässigung an Spiritualität und religiösem Glauben und der daraus entstehenden Orientierungslosigkeit. Ein Verlust an Gesundheit ist die Folge der Vernachlässigung unseres Körpers.

Was ist der Sinn unseres Lebens?

Das Wort „Sinn" leitet sich von dem deutschen Wortstamm „sinnan" ab. Was für „reisen, streben, gehen" steht.

Wonach streben wir also?

Diese Frage verliert heutzutage an Bedeutung und noch viel schlimmer ist die offensichtliche Tatsache, dass uns dies anscheinend nichts ausmacht. Viele streben nach Sicherheit, als Grundbedürfnis.

Ein Schiff, das im Hafen liegt, ist sicher. Aber dafür werden Schiffe nicht gebaut.

Englisches Sprichwort

Trauen wir uns also wieder, uns mit unserer Seele zu beschäftigen, denn sie ist der wesentliche Teil unserer Existenz, zumal sie der unsterbliche Anteil des Individuums Mensch ist.

Ich habe so viele Menschen sterben sehen und dabei gespürt, dass es eine Seele gibt, auch wenn ich sie nicht gesehen habe.

Der andere Teil des Individuums ist unser Körper, und dieser wird in der Regel sträflich vernachlässigt.

Wir leben in einer ungesunden Gesellschaft.

Stress und Hektik – falsche Ernährung – zu wenig Entspannung – Rauchen – Immobiliät bei der Arbeit – keine sportliche Bewegung, und wenn, die falsche Art sich zu bewegen – Alkohol – Süßigkeiten – Kaffee – Tablettenkonsum und andere Drogen

Die Liste ist lang, und leider noch viel länger. Inzwischen gehen einige wenige Ärzte dazu über, sich mehr mit präventiver Medizin zu beschäftigen, um Menschen gesund und fit zu halten, anstatt sie erst krank werden zu lassen, um sie anschließend heilen zu müssen. Ein solcher ärztlicher Kollege ist Dr. Michael Spitzbart, der seine Lebensaufgabe genau diesem Thema gewidmet hat.

Wir leben in einer Gesellschaft ohne Balance:

Wenn du wöchentlich 60 bis 70 Stunden arbeitest, wenn Urlaub das ist, was deine Angestellten, Freunde und Bekannten jedes Jahr machen, wenn du mit dem Gedanken einschläfst, wie du deine Lieferanten bezahlen sollst, mit dem Gedanken aufwachst, wie du die Gehälter zahlen sollst, wenn deine Kinder auf einmal nicht mehr zu Hause wohnen und du feststellen musst, dass 20 Jahre Familienleben für dich kaum stattgefunden haben, wenn deine Frau die Konversation mit Hund und Katze deiner Nörgelei oder deinen einsilbigen Kommentaren vorzieht, wenn all das und vieles mehr deinen Alltag bestimmen, dann bist du selbständig, dann bist du „frei", dann bist du einer der vielen Vollidioten dieser Nation.

(Ein Leserbrief im „Spiegel" von Jürgen Wynande)

Aufgrund der operativen Hektik des Alltags vernachlässigen wir Körper und Seele.

So werden wir nicht in Balance leben können!

Operative Hektik ist ein sicheres Mittel gegen ein Leben in Balance.

14

Operative Hektik ist ein sicheres Mittel
gegen ein Leben in Balance.

Die vier großen Lebensbereiche

Der hauptsächliche Lebensbereich, in dem wir uns anscheinend dauernd befinden, ist die Welt unseres Denkens. Dabei haben wir sehr gut gelernt, wie wir Gedanken in unseren Kopf hineinbekommen, aber wir haben verlernt, sie wieder herauszubekommen.

Die Frage ist nicht mehr, wie wir neue Gedanken und Ideen in unsere Köpfe hineinbringen, sondern vielmehr, wie wir die alten Ideen herausbringen.

Karl Pilsl

Gerade in diesem Zustand werden wir offen für die Welt unserer Seele. Wir haben nicht gelernt, wie wir „nicht denken" – wir denken den ganzen Tag und bleiben so stets in gedanklicher Hektik.

Mit diesem Buch möchte ich eine neue Herleitung des Begriffes Lebensbalance und den dazugehörigen Lebensbereichen machen, wobei die „Teilung" des Menschen in Seele, Körper, Geist und Herz wohl so alt ist, wie menschliche Kulturen und Religionen. Da ich mit dem Begriff Geist, der in diesem Zusammenhang für unser Denken steht, vorsichtig sein möchte, will ich diesen hier ersetzen, durch unser Denk-Organ Gehirn.

Das Glück deines Lebens hängt von der Beschaffenheit deiner Gedanken ab.

Marc Aurel

Gehen wir vom Individuum als unteilbarer Zweiheit von Seele und Körper aus, so entstehen Gehirn und Herz aus der Verbindung zwischen Seele und Körper. Zum einen zeigt sich dies in der Beschaffenheit dieser beiden Elemente sowohl als Organ in unserem Körper, als auch als Fähigkeit, die uns Menschen auszeichnet, nämlich die Fähigkeit zu denken und zu fühlen.

Der Mensch kann somit auch als Begegnung zwischen Tier und Gott gesehen werden.

Dieser Herleitung wird zusätzlich von dem Gedanken getragen, dass es bei Geist und Herz sowohl eine animalische, als auch eine göttliche Komponente gibt.

Jeder ist wie ein Haus mit vier Räumen: Körper, Geist, Emotionen und Seele. Solange wir nicht jeden Tag in jeden Raum gehen, und sei es nur um ihn zu lüften, werden wir keine vollständige Persönlichkeit sein.

Rumer Godden

Geist

Oft wird der Begriff „Geist" für „Denken" verwendet, so wie ich dies auch in meinem bisherigen Balancemodell tat. Als ich mich nun intensiver mit den religiösen und philosophischen Aspekten beschäftigt habe, wurde mir der Geist als übergeordnete Kraft bewusst, die in allem wirkt. Die Dreiteilung Geist – Körper – Seele, wird somit für mich zu dem Geist, aus dem Körper und Seele hervorgeht. So steht schon im 1. Mose 1,2: „Und die Erde war wüst und leer, und es war finster aus der Tiefe; und der Geist Gottes schwebte auf dem Wasser." Der Geist, für mich als Christ „Gott", ist in der alten chinesischen Lehre das „CHI", die Energie, aus der das Universum gemacht ist. Das CHI ist nach der Lehre von Lao Tse die verbindende Kraft von Yin und Yang. Auch hier werden zwei Bestandteile, aus dem alles gemacht ist, durch einen Geist verbunden. Yin und Yang sind nicht genau in Seele und Körper zu übersetzen, beschreiben aber auch die gegensätzlichen Pole von Dunkelheit (Yin) und Helligkeit (Yang), von Erde (Yin) und Himmel (Yang), sowie von Frau (Yin) und Mann (Yang).

Wichtig ist der Einklang und die Tatsache, dass stets in einer Polarität auch die andere enthalten ist, so wie der griechische Philosoph Heraklit (500 v. Chr.) formulierte, dass alles fließt („Panta rhei") und es sich alles um ein endloses Gleichgewicht handelt. Aus diesen Energiebetrachtungen entwickelten sich die Parallelen in allen Religionen und es gibt hier wesentlich mehr Gemeinsamkeiten als Unterschiede. Um so grotesker erscheint es bei den Gedanken über den Geist, dass sich Kirchen um Kleinigkeiten streiten und lieblos dogmatisch mit ihren Gläubigen umgehen. Was für die Chinesen das CHI als geistige Energie ist, die auch als Atem des Lebens bezeichnet wird (viele meditative Techniken haben sehr viel mit dem Atem zu tun), ist für die Inder „prana", für die Japaner „ki", für die Griechen „pneuma" und für die Germanen „odem" – der göttliche Atem.

Alle Religionen basieren auf einer Vorstellung, dass Energie (Geist) alles durchdringt und bewirkt. Wir sollten diese Tatsache daher viel bewusster leben. In Einklang mit dieser Energie zu leben, bewirkt Gleichgewicht in unserem Leben. LebensBalance bewirkt LebensEnergie, da die göttliche Energie fließen kann.

Der Geist im Sinne Gottes verbindet Seele und Körper. Er bewirkt als Energie alles und wir können diese Energie spüren, jeden Tag. Dazu brauchen wir wesentlich mehr Ruhe in unserem Leben, wesentlich mehr Offenheit und Respekt vor der Andersartigkeit, wesentlich mehr Achtung im Alltag.

Daher wird der Begriff „Geist" in dem vorliegenden Buch und in meinen kommenden Büchern stets mit dem entsprechenden Respekt verwendet werden.

Übrigens beinhaltet das Wort „Begeisterung" genau diesen Geist. Ein wunderschönes Wort, und vor allem ein wundervoller Zustand, der genau betrachtet, viel zu häufig gesagt und geschrieben wird, aber leider viel zu selten gelebt wird. Wenn wir wirklich begeistert sein wollen, dann brauchen wir Balance in unserem Leben, um diesen Geist fließen zu lassen, wissend, dass letztlich alles gut wird. Einfach fließen lassen.

Die Schwelle der Hoffnung überschreitend, äußert sich Papst Johannes Paul II.: „Wenn Christus nur ein Weiser wäre wie Sokrates, ein Prophet wie Mohammed oder ein Erleuchteter wie Buddha, dann wäre er mit Sicherheit nicht, was er ist. Er ist der einzige Mittler zwischen Gott und den Menschen." Hinter dieser Aussage steht der Gedanke, dass das Christentum den einzigen Weg zur Erlösung bietet und alle anderen religiösen Traditionen wertlos sind. Diese Haltung schließt jeden Dialog aus und fördert die religiöse Intoleranz und Diskriminierung. Sie ist nicht hilfreich.

Thich Nhat Hanh

Wie schön wäre es, wenn die Religionen sich darauf konzentrierten, was sie eint, und nicht darauf, was sie trennt.

Achtung vor der Andersartigkeit wird so zum Weg der Freundschaft und des Friedens.

Herz und Gefühle

Die emotionale Welt des Herzens kennt Gefühle wie Wut, Aggression oder Furcht, die uns als Instinkte mit auf den Weg gegeben wurden, um unseren Körper zu schützen. Solche Gefühle gehen einher mit messbarer Hormonausschüttung, die die entsprechenden Gefühle verursachen.

Wir kennen aber auch die göttlichen Gefühle der Liebe, der selbstlosen Zuwendung und des erfüllenden Glücks. Diese haben ihren Ursprung auf der seelischen Seite.

Auch der Umgang mit anderen Menschen, der ja intensiv geprägt ist von Emotionen, weist einen tierischen und eine göttlichen Anteil auf. Allein zwischen Mann und Frau haben wir den tierischen Sexualtrieb, die körperliche Lust und das Verlangen nach dem Anderen. Der göttliche Anteil sind all die feinen Formen der Romantik, die selbstlose Liebe und der Wunsch danach, den anderen Menschen wirklich glücklich zu machen.

Gefühle entstehen auf verschiedenen Wegen – seelisch und auch körperlich. Unser Körper empfindet und „fühlt" mit seinen fünf Sinnen (Sehen, Hören, Riechen, Schmecken, Fühlen). So ist unsere emotionale Welt immer vielschichtiger als unser Denken. Auch auf der seelischen Ebene „fühlen" wir in sehr viel mehr Schichten. Denken Sie allein an Inspiration, Kreativität, Intuition (innere Stimme) und unser Gewissen.

Wie oft geht es uns so, dass wir an etwas oder jemanden denken, und schon passiert etwas in diesem Zusammenhang. Der berühmte Telefonanruf, den wir eben tätigen wollten, um einen Freund anzurufen, und der kommt uns genau in diesem Augenblick zuvor.

Gefühle können als positive und als negative Gefühle beschrieben und erlebt werden.

Dabei sind positive Gefühle wie Glaube, Liebe, Hoffnung, Begeisterung, Sexualität, Fürsorge, Verlangen, Romantik, Freundschaft, aufbauende, konstruktive, erhebende und sehr angenehme Gefühle.

Hingegen sind negative Gefühle wie Angst, Eifersucht, Hass, Rachsucht, Gier, Neid, Aberglaube, Fanatismus, Zorn zerstörende, destruktive, erniedrigende und sehr unangenehme Gefühle.

Unsere eigene Ausstrahlung, unser Charisma, hängt sehr stark davon ab, welche Gefühle in uns vorherrschen, denn diese strahlen wir aus. Da Gefühle so vielschichtig sind, erreichen sie Menschen auf ganz verschiedenen Ebenen. Daher sind visionäre Menschen nicht automatisch charismatisch, da sie oft gute Gedanken haben, diese aber nicht mit einem positiven Gefühl verbinden. Ebenso hält es uns häufig von der Erreichung unserer Ziele ab, wenn wir zwar wissen, was wir wollen, es aber nicht fühlen und auch nichts dafür tun.

Um große Ziele zu erreichen, braucht es auch große Gefühle und viele kleine Taten.

Aber die Augen sind blind.
Man muss mit dem Herzen suchen.

Antoine de Saint Exupéry

Gehirn und Gedanken

Der Lebensbereich „Gehirn" oder „Gedanken" hat demnach ebenso seinen Ursprung im körperlichen, wie auch im seelischen. All unsere Wahrnehmung, die vielen Sinneseindrücke, Erinnerungen, die als Bilder in unserem Gehirn gespeichert sind, entsprechen dem tierischen Bereich. Auch Tiere träumen, und auch Tiere nehmen ihre Umwelt wahr und können somit auch „denken". Durch diese Gedanken entstehen auch unsere Gefühle.

Woher kommt aber eine Idee?
Woher ein schönes Kunstwerk?
Woher eine Vision?

Kreativität, Intuition und Innovation sind Beispiele für den göttlichen Teil unseres Geistes.

Die Frucht des Geistes ist Frieden, Freude und Liebe.

Meister Eckart

Und so entstehen vier gleichberechtigte „Teile", aus denen wir Menschen als Einheit bestehen und so quasi zu einem Individ-quatrum werden. Einem Ganzen aus vier Teilen.
Jedes Modell hat seine eigenen Grenzen und dieses Modell soll lediglich dabei helfen, über ein Leben in Balance ganzheitlicher nachzudenken. Dieses Modell erhebt somit keinen wissenschaftlichen Anspruch.

Bei der LebensBalance geht es nicht um Teile und Rollen, sondern darum, in Einklang mit allen Bereichen zu leben.

Einklang ist der zentrale Wert für ein Leben in Balance.

Für die Lebensbereiche Denken und Fühlen möchte ich das Symbol des Kreises verwenden, der gleichsam die beiden Hälften unseres Gehirns andeuten soll. Diesen beiden Hälften werden unterschiedliche Fähigkeiten zugeordnet (was ein gutes Modell ist, wenn auch

neurophysiologisch nicht ganz korrekt). Das rechte Gehirn fühlt und hat Intuition, das linke Gehirn analysiert, rechnet und organisiert.

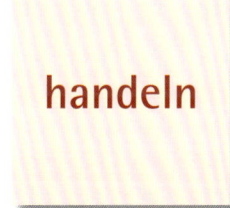

Als Symbol der Materie, dem Fundament, das nur durch unsere Handlungen entstehen kann, wurde das Symbol des Vierecks gewählt.

Schließen wir unsere Seele mit ein, als Ebene unserer Begeisterung, oder unsere Grundeinstellung, so finden alle Situationen, ob Problem oder Erfolg, ihre Ursachen auf jeder dieser drei Ebenen.

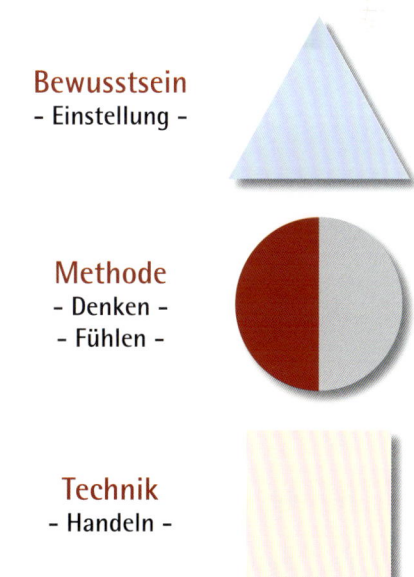

Bewusstsein
- Einstellung -

Methode
- Denken -
- Fühlen -

Technik
- Handeln -

Alles was wir sind, ist das Resultat dessen,
was wir gedacht haben.
Unsere Existenz gründet auf Gedanken.
Sie basiert auf dem, was wir denken.

Buddha

Einklang

Ein wichtiger Zustand in unserem Leben und das daraus entstehende Gefühl steht hinter dem Wunsch nach LebensBalance: **Einklang.**

Einklang zwischen Seele und Körper.

Wir fühlen uns unglücklich und unvollständig, unwohl und unzufrieden, wenn unser Körper im Widerstreit mit unserer Seele liegt. Wir wünschen uns die Harmonie zwischen spiritueller und materieller Welt.

Totale Harmonie, um der Harmonie willen, „verblödet" – der aufrichtige Streit um den richtigen Weg muss sein – ja sogar Wettstreit und Konkurrenz sind vonnöten. Anders würde es keine Weiterentwicklung geben.

Dies sind Betrachtungen auf einer Ebene unseres Bewusstseins. Sobald sich die Menschen im einzelnen, als auch als Menschheit im Ganzen weiterentwickeln, werden wir feststellen, dass es Wahrheiten hinter unseren sichtbaren Betrachtungen gibt. Auch dass es ein Paradies auf Erden geben könnte, wenn wir in Einklang leben würden, in Harmonie zwischen Körper und Seele. Denn erst durch Einklang erreichen wir den Frieden und die Ruhe, die wir uns wünschen. Unsere Seele beinhaltet all die positiven Kräfte und Energien des Universums, ob dies Liebe ist oder die Grundprinzipien des Lebens wie Anständigkeit, Ehrlichkeit, Gerechtigkeit, Fleiß und andere Tugenden.

Erst wenn diese Grundprinzipien und Tugenden im Einklang mit unserem Handeln (Körper) und somit unserer Wirklichkeit sind, erleben wir ein Leben in Balance, ein Leben in Frieden und ein Leben im Glück.

Dies ist wohl das größte Geheimnis, dass alles bereits in uns ist, wir müssen es erkennen und umsetzen – der Geist formt die Realität und nicht umgekehrt.

Als die sieben Kardinaltugenden gelten:

- Weisheit
- Tapferkeit
- Besonnenheit
- Gerechtigkeit
- Glaube
- Liebe
- Hoffnung

Als die sieben Todsünden gelten:

- Maßlosigkeit
- Habsucht
- Trägheit
- Zorn
- Hochmut
- Wollust
- Neid

Mahatma Gandhi hatte diese sieben Todsünden einmal erweitert und sieben zusätzliche Sünden für unsere heutige Zeit genannt und mit dem Begriff „Tod" verbunden. Ich ziehe es vor, diese Sünden als „sehr schädlich für unsere Seele" zu bezeichnen.

Schädlich für unsere Seele sind:

Reichtum ohne Arbeit, Genuss ohne Gewissen, Wissen ohne Charakter, Geschäft ohne Moral, Wissenschaft ohne Menschlichkeit, Religion ohne Opfer, Politik ohne Prinzipien.

Diese sind auch schädlich für unsere Gesellschaft und Umwelt, für unser gesamtes Zusammenleben auf dieser Erde. Dies scheint das Hauptanliegen der sogenannten Globalisierungsgegner zu sein. Sie wollen nämlich die Verantwortlichen an diese Prinzipien erinnern. Denn unsere Erde muß genauso in Balance sein, wenn die Gesellschaften und der einzelne Mensch darin in Balance existieren sollen.

Wer Geist hat, hat sicher auch das rechte Wort,
aber wer Worte hat, hat darum noch nicht notwendig Geist.

Konfuzius

Das BalanceModell

Aus diesen Überlegungen heraus wurde ein eigenes BalanceModell entwickelt, wohl wissend, dass es hiervon bereits einige Modelle gibt.

Es war unser Anliegen, für dieses Modell die Herleitung nebeneinander zu setzen. Denn betrachtet man nun die Überschneidungen dieser vier zentralen Lebensbereiche und integriert diese in ein ganzheitliches BalanceModell, so wird deutlich, dass daraus acht Bereiche werden, die für jeden Menschen gleichermaßen gelten. Es mag dabei dem einen oder anderen mehr oder weniger Bedeutung zugewiesen werden, jedoch für ein Leben in Balance sind alle wichtig.

Die im Leben häufig angesprochenen Rollen, wie sie zum Beispiel von Stephen R. Covey beschrieben wurden, finden dann in den einzelnen Lebensbereichen unterschiedliche Ausprägung. Im Bereich der Firma haben wir häufig mehrere Rollen, die wir zum Beispiel in dem Seminar UnternehmerEnergie als Aufgabenplanung definieren. In der Familie haben wir die Rollen des Ehemannes (der Ehefrau), von Vater (Mutter), Kind und andere. Diese Rollen sind aber nur eine genauere Beschreibung des Lebensbereiches Familie.

In meinem Buch LebensStrategie habe ich diese Bereiche bereits als 9S-Modell vorgestellt und verweise in Klammern auf die Begrifflichkeiten, die zur besseren Merkfähigkeit in diesem Modell gewählt wurden. In der nun zweijährigen Verwendung dieses Modells in meinen Seminaren haben sich die 8 „F" der LebensBalance als für den privaten Bereich noch praktikabler herausgestellt:

Die acht Lebensbereiche (8„F")
unserer LebensBalance

- 1. Seele: Frieden (Sinn)
- 2. Seele & Herz: Freude (Spaß)
- 3. Herz: Familie (Sicherheit)
- 4. Herz & Körper: Freunde (Soziales Netzwerk)
- 5. Körper: Fitness (Sport)
- 6. Körper & Gehirn: Finanzen (Schatz)
- 7. Gehirn: Firma (Spitzenleistung)
- 8. Gehirn & Seele: Fortbildung (Schule)

Ein Modell bietet den Vorteil, dass wir einen klareren Blick auf die Dinge bekommen und wenn von LebensBalance die Rede ist, dann ist dieser klare Blick häufig verstellt, oder auch unvollständig, da neben Familie und Beruf andere wichtige Lebensbereiche vergessen werden.

Dem Kenner meines Werkes LebensStrategie und dem 8"F"-Modell wird aufgefallen sein, dass sich dieses Modell leicht verändert hat. Die rechte und linke Seite wurden getauscht, so dass nun das Herz (unsere Familie) auf der rechten Seite und das Gehirn (unsere Spitzenleistung im Beruf) auf der linken Seite steht. Dies hängt mit dem Grundgedanken und Modell über das rechte und linke Gehirn zusammen, wobei rechtes Gehirn ja unter anderem für Emotionen und Kreativität steht, wohingegen das linke Gehirn für Logik, Ratio und Planung steht. Da ich das Modell möglichst konsistent machen möchte und sich auch ein solches Modell weiterentwickelt, habe ich mich zu diesem Schritt entschieden.

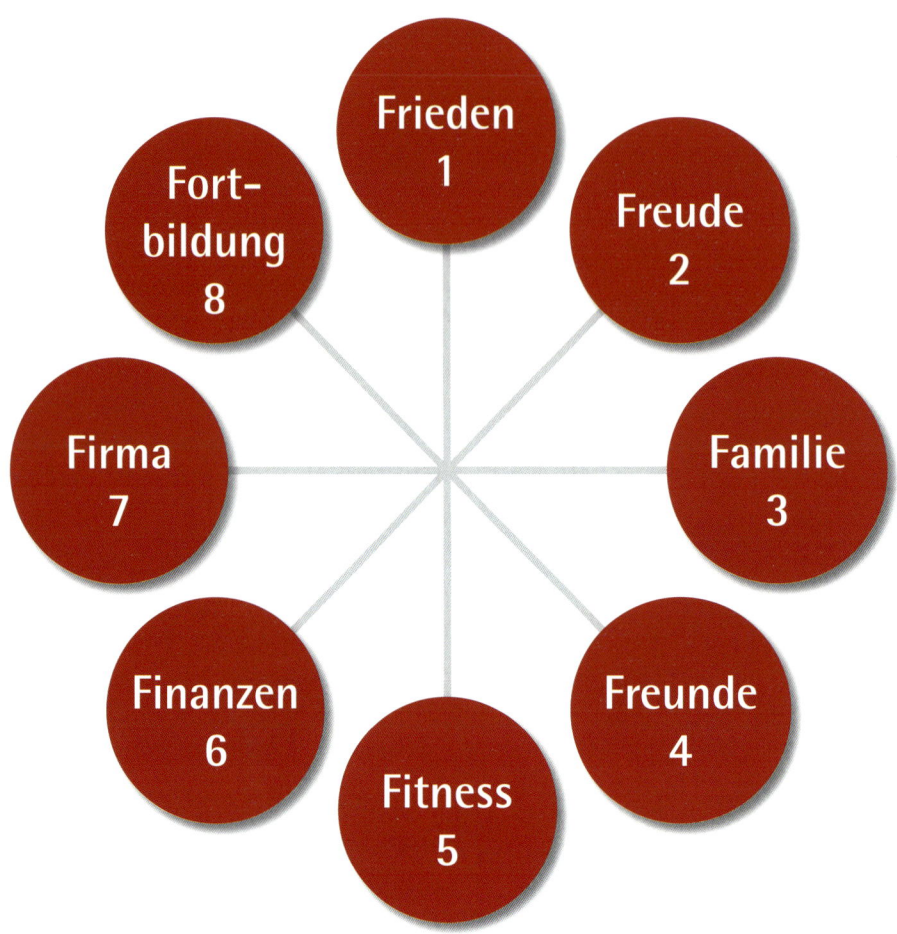

Der Mensch kann nicht in einem einzelnen Lebensbereich recht tun,
während er in irgend einem anderen unrecht tut.
Das Leben ist ein unteilbares Ganzes.

Mahatma Gandhi

LebensBalance und H.D.I.

In den letzten Jahren hatte ich vielfach Gelegenheit, Erfahrungen mit dem H.D.I.-Modell von Ned Herrmann sammeln zu dürfen. Die Gespräche mit Roland Spinola und Jacqueline Geist empfand ich als sehr interessant und wertvoll. Dieses Modell beschäftigt sich anders als andere mit dem Denkstil eines Menschen und passt daher hervorragend zu meinem Modell der LebensBalance.

Für diejenigen, die das H.D.I. Modell kennen, ist es in diese Grafik eingefügt worden. Alle anderen verweise ich auf das Literaturverzeichnis (Ned Herrmann). Das H.D.I. unterscheidet mit seinen vier Quadranten grob zwischen Theorie und Praxis zwischen den beiden oberen und unteren Quadranten sowie zwischen linken und rechten Gehirnfunktionen der beiden jeweils linken und rechten Quadranten.

So ergibt sich folgende grobe Definition der Quadranten:

Quadrant A beschreibt die rationalen, logischen, sachlichen und theoretischen Aspekte unseres Denkens. Zahlen, Mathematik, Physik und Analyse sind beispielhafte Ausprägungen.

Quadrant B symbolisiert eher die praktische Logik in Form von Ordnung, Umsetzung, Planung und Organisation.

Der **Quadrant C** steht für den rechten, praktischen emotionalen Stil unseres Denkens, der gerade im Umgang mit anderen Menschen zum Tragen kommt.

Quadrant D steht für den kreativen, künstlerischen, visionären und innovativen Denkstil.

Das H.D.I.-Modell lässt sich so sehr gut mit dem LebensBalanceModell kombinieren.

Ein Modell bietet stets den Vorteil, dass wir einen klareren Blick auf die Dinge bekommen und wenn von LebensBalance die Rede ist, dann ist dieser klare Blick häufig verstellt, oder unvollständig, da neben Familie und Beruf andere wichtige Lebensbereiche vergessen werden.

Ein Modell ist aber immer auch ein Abbild der Wirklichkeit und nicht die Wirklichkeit selbst. Modelle haben Grenzen.

Sie helfen uns, die Wahrheit besser zu verstehen.

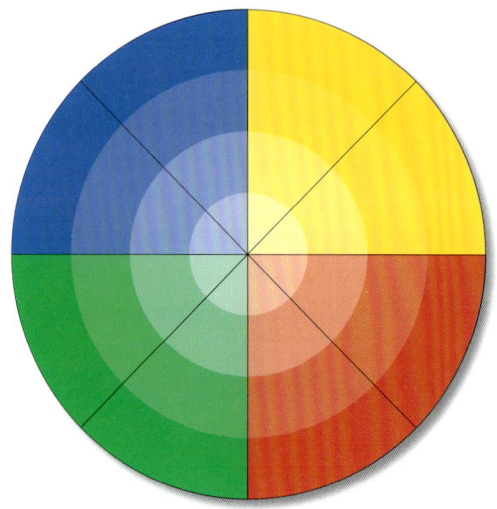

Ich glaube, das große Ziel besteht darin, ganzheitlich zu sein.
Ned Herrmann

LebensHorizonte

In meinem Buch LebensStrategie habe ich das Modell der 7 Horizonte eingeführt, und ich freue mich, dass dieses Modell in der Zwischenzeit viel Anklang gefunden hat. Es wird bereits in anderen Büchern zitiert, weil es auf ganz einfache Weise die Zeitabschnitte unseres Lebens deutlich macht. Die Horizonte können als Werkzeug für den Rückblick ebenso verwendet werden, wie für die Planung der Zukunft. Wir beginnen auf dem Weg zu einem Leben in Balance zu sein, wenn wir lernen, die Reise etwas geruhsamer zu gestalten, denn:

Wir überschätzen immer, was wir in einem Jahr leisten können.
Wir unterschätzen aber auch, was wir in sieben Jahren leisten könnten.

Beginnen wir das loszulassen, was wir in überhöhtem Maße von uns selbst erwarten, so werden wir als Folge davon unser Leben mehr und mehr entspannen.

Die sieben Horizonte beschreiben mit den Horizonten 5.-7. unsere Zielplanung (übertragen auf ein Unternehmen könnten wir hier von der strategischen Planung sprechen). Der 1.-3. Horizont ist hingegen der operative Alltag, unser Zeitmanagement, oder auch die Ausführung. Der 4. Horizont als mittlerer Horizont nimmt eine Sonderstellung ein, mittelt er doch zwischen unseren Zielen und unserer Zeit. Die Planung des 4. Horizontes , also die Jahreszielplanung, wird somit zur operativen Planung, wie in einem Unternehmen. Wenn wir uns angewöhnen, von Zeit zu Zeit einmal inne zu halten und zurückzublicken, was geschehen ist und wo wir uns gemäß unserer Planung auf dem Weg befinden, so betreiben wir dann in unserem Leben auch eine Art Controlling.

Es könnte der Eindruck entstehen, dass dies eine etwas übertriebene Empfehlung ist, mit dem Leben so umzugehen, wie mit einem Unternehmen. So viele Aspekte können gar nicht geplant werden.

Das stimmt, aber ist unser Leben nicht auch ein Unternehmen? Mit all dem was dazugehört?

Ein Unternehmen mit Visionen, Zielen, Menschen und Aktivitäten jeden Tag. Ja, auch ein Unternehmen Leben, mit einem Auftrag und Nutzen, den wir anderen Menschen bieten.

Welchen Nutzen bieten wir anderen?
Was ist unsere Vision?
Was sind unsere Ziele?
Wofür wollen wir unsere Zeit verwenden?
Was macht uns glücklich und zufrieden?

Wenn wir beginnen, diese Fragen für uns zu beantworten, dann können wir das herausfinden, was landläufig als Sinn bezeichnet wird. Vielleicht nicht der Sinn des Lebens im allgemeinen, denn dies wird schnell philosophisch und religiös. Aber den Sinn unseres Lebens im speziellen und darum geht es uns doch.

Dies ist ein großer Beitrag für ein Leben in Balance.

Definieren Sie, was Sie damit meinen.

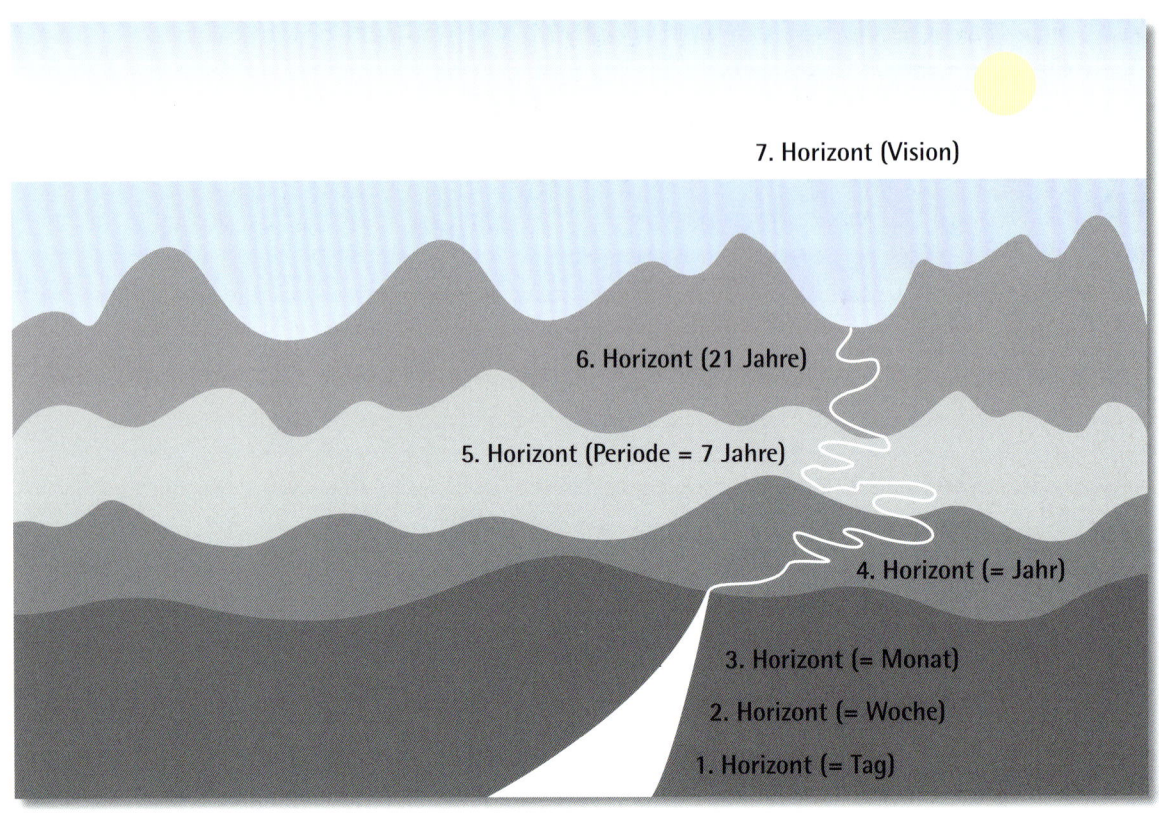

7. Horizont (Vision)

6. Horizont (21 Jahre)

5. Horizont (Periode = 7 Jahre)

4. Horizont (= Jahr)

3. Horizont (= Monat)

2. Horizont (= Woche)

1. Horizont (= Tag)

Stufen

Wie jede Blüte welkt und jede Jugend
dem Alter weicht, blüht jede Lebensstufe,
blüht jede Weisheit auch und jede Tugend
zu ihrer Zeit und darf nicht ewig dauern.

Es muss das Herz bei jedem Lebensrufe
bereit zum Abschied sein und Neubeginne,
um sich in Tapferkeit und ohne Trauern
in andre, neue Bindungen zu geben.

Und jedem Anfang wohnt ein Zauber inne,
der uns beschützt und der uns hilft, zu leben.

Wir sollen heiter Raum um Raum durchschreiten,
an keinem wie an einer Heimat hängen;
der Weltgeist will nicht fesseln und uns engen,
er will uns Stuf' um Stufe heben, weiten.

Kaum sind wir heimisch einem Lebenskreise
und traulich eingewohnt, so droht Erschlaffen;
nur wer bereit zu Aufbruch ist und Reise,
mag lähmender Gewöhnung sich entraffen.

Es wird vielleicht auch noch die Todesstunde
uns neuen Räumen jung entgegensenden;
des Lebens Ruf an uns wird niemals enden.
Wohlan denn, Herz, nimm Abschied und gesunde!

Hermann Hesse, 1941

Persönlichkeit und LebensBalance

Jeder Mensch hat Charisma

Viele wissen es bloß nicht und verwenden ihre Energie auf unsinnige Dinge, anstatt das eigene Charisma zu entfalten.

LebensBalance hat viel mit Persönlichkeit zu tun, und so möchte ich mit diesem Buch auch an meine beiden Bücher Charisma und LebensStrategie anknüpfen, denn...

Eine zentrale Aufgabe in unserem Leben ist es, unsere Persönlichkeit zu entfalten.

Das bedeutet, die Falten zu glätten, die wir uns im bisherigen Leben zugezogen haben oder die uns zugefügt wurden. Unser Leben ist so sehr bestimmt von Prägungen, dass wir jeden Tag darüber stolpern. Wir sind aber leider so sehr mit Rennen und Stolpern, Hinfallen und Wiederaufstehen beschäftigt, dass wir gar nicht auf die Idee kommen, die Steine und Fallen aus unserem Weg zu räumen.

Auch geht es im Leben darum, unsere Persönlichkeit zu entwickeln.

Da wo etwas entwickelt wird, war es vorher verwickelt. Da wo sich etwas entfaltet, war es vorher gefaltet. All die Prägungen, die sich in sensiblen Phasen unseres Lebens ereignet haben, tragen dazu bei, dass wir sind, wie wir sind. Wir müssen so aber nicht bleiben. Persönlichkeitsentwicklung setzt genau hier an und ein Unternehmer oder eine Führungskraft sollte ihre eigene Persönlichkeit entwickeln, denn dies strahlt immer auf die Menschen aus, die sie führen. Nur wenn heile und gesunde Menschen in einem Unternehmen wirken, kann das Unternehmen heil und gesund sein.

Nur wenn der Mensch charismatisch ist, kann das Unternehmen charismatisch sein.

Ich glaube sogar, dass LebensBalance eine Grundvoraussetzung für eine sich entwickelnde Persönlichkeit ist, eine Fähigkeit nach der man ein Leben lang strebt, so wie nach der eigenen Persönlichkeit, denn ...

Wer glaubt, etwas zu sein, hat aufgehört, etwas zu werden.

So ist auch LebensBalance ein Zustand, der ein gewisses Ideal in sich trägt. Wenn wir aber nicht das scheinbar Unmögliche versuchen, so werden wir ganz bestimmt auch nicht das Mögliche erreichen. In diesem Sinne ist es für mich als Autor eine Verantwortung, über das Thema LebensBalance zu schreiben, die mich jeden Tag aufs neue in die Pflicht nimmt. Aber trösten Sie sich vielleicht mit der Tatsache, dass ich ein Lernender bin, so wie Sie, und das wird auch ein Leben lang so bleiben. In meinen Seminaren formuliere ich das gerne so:

Ich habe eine gute und eine schlechte Nachricht für Sie:

- **Die gute Nachricht ist, dass ich nicht perfekt bin.**

- **Die schlechte Nachricht ist, dass Sie es auch nicht sind.**

Wenn dies zwischen uns geklärt ist, dann braucht sich niemand zu verstellen, sondern wir können voll Liebe und Mitgefühl unsere Energie darauf verwenden unsere eigene Persönlichkeit zu entfalten und dem anderen dabei zu helfen es ebenso zu tun.

Wer sich selbst erhöht, der wird erniedrigt; und wer sich selbst erniedrigt, der wird erhöht. Matthäus 23,12

So gewiss ist der allein glücklich und groß, der weder zu herrschen noch zu gehorchen braucht, um etwas zu sein. Goethe

Wer glaubt, etwas zu sein,
hat aufgehört, etwas zu werden.

Probleme lösen in Balance

Auf dem Weg vom Geist zur Materie, von der Idee bis zur Verwirklichung, von dem Gedanken bis zur Realität gibt es einige Stolpersteine auf verschiedenen Ebenen.

- Wir denken oft nicht klar, haben eine falsche Einstellung oder berücksichtigen grundsätzlich wirkende Gesetzmäßigkeiten nicht.

- Oder wir haben einfach nicht die richtige Methode, unser Denken und Handeln zu ordnen. Es fehlt uns an Wissen und an Fähigkeiten zur Problemlösung.

- Oder wir verwenden keine oder eine falsche Technik und fangen erst gar nicht an zu handeln.

Die Ebenen, die diesen Stolpersteinen entsprechen, sind:

- Bewusstsein   = wollen
- Methode   = wissen und können
- Technik   = tun.

Die Wahrnehmung dieser Ebene stammt aus einer Zeit, in der ich Software entwickelt hatte und festgestellt habe, dass meine Kunden der Meinung waren, nur irgendeine Software einführen zu müssen, und schon seien ihre Probleme gelöst. Aus diesen Tagen stammen meine Worte:

Ein Computer beschleunigt das Chaos!

Wenn vorher Chaos herrschte, dann herrscht später nur noch mehr Chaos. Wenn uns das Bewusstsein fehlt, oder auch die richtige Methodik, dann hilft auch kein Computer und keine Technik.

Nehmen Sie zum Beispiel das Thema Zeitmanagement: Die Technik ist wichtig, ob Zeitplanbuch oder elektronischer Organizer, wir brauchen ein Werkzeug, mit dem wir Zeit planbar machen. Aber das Werkzeug hilft uns gar nichts, wenn wir nicht die Methoden der Zeitplanung und Effizienz anwenden. Aber auch diese Methoden helfen uns nicht, wenn uns das Bewusstsein für den Wert der Zeit fehlt.

Das BalanceModell mit den vier Hauptteilen unseres Menschseins kann sehr schön auf diese drei Ebenen übertragen werden. Unsere Probleme befinden sich oft auf einer Ebene und können nur auf einer anderen Ebene gelöst werden.

Diese Ebenen der Problemlösung habe ich in zahlreichen persönlichen und unternehmerischen Fällen erörtert. Immer wieder. Dabei gilt übrigens nicht, dass es immer die höhere Ebene sein muss, auf der ein Problem zu lösen ist. Wenn Sie eine hervorragende Einstellung zur Kundenorientierung haben und auch die Methodik der Gesprächsführung beherrschen, kann es in der Tat sein, dass Ihnen nur noch eine technische Lösung in Form einer Datenbank oder ähnlichem für einen außergewöhnlichen Erfolg fehlt.

Oft ist es so, dass es an Konsequenz mangelt und gute Ideen und Methoden nicht umgesetzt werden, weil das Handeln fehlt. Hier liegt dann das Problem auf der unteren Ebene.

Die Ebene des Bewusstseins entspricht im BalanceModell der Seele. Die Methodik kombiniert Gehirn und Herz (die linke und rechte Hirnhälfte im H.D.I.) und die Technik entspricht der körperlichen Tat, dem Handeln.

Wir können Probleme nicht auf der Ebene lösen, auf der wir sie geschaffen haben.
Albert Einstein

Fragen Sie sich daher von Zeit zu Zeit: Auf welcher Ebene liegt der Schlüssel zur Lösung des Problems?

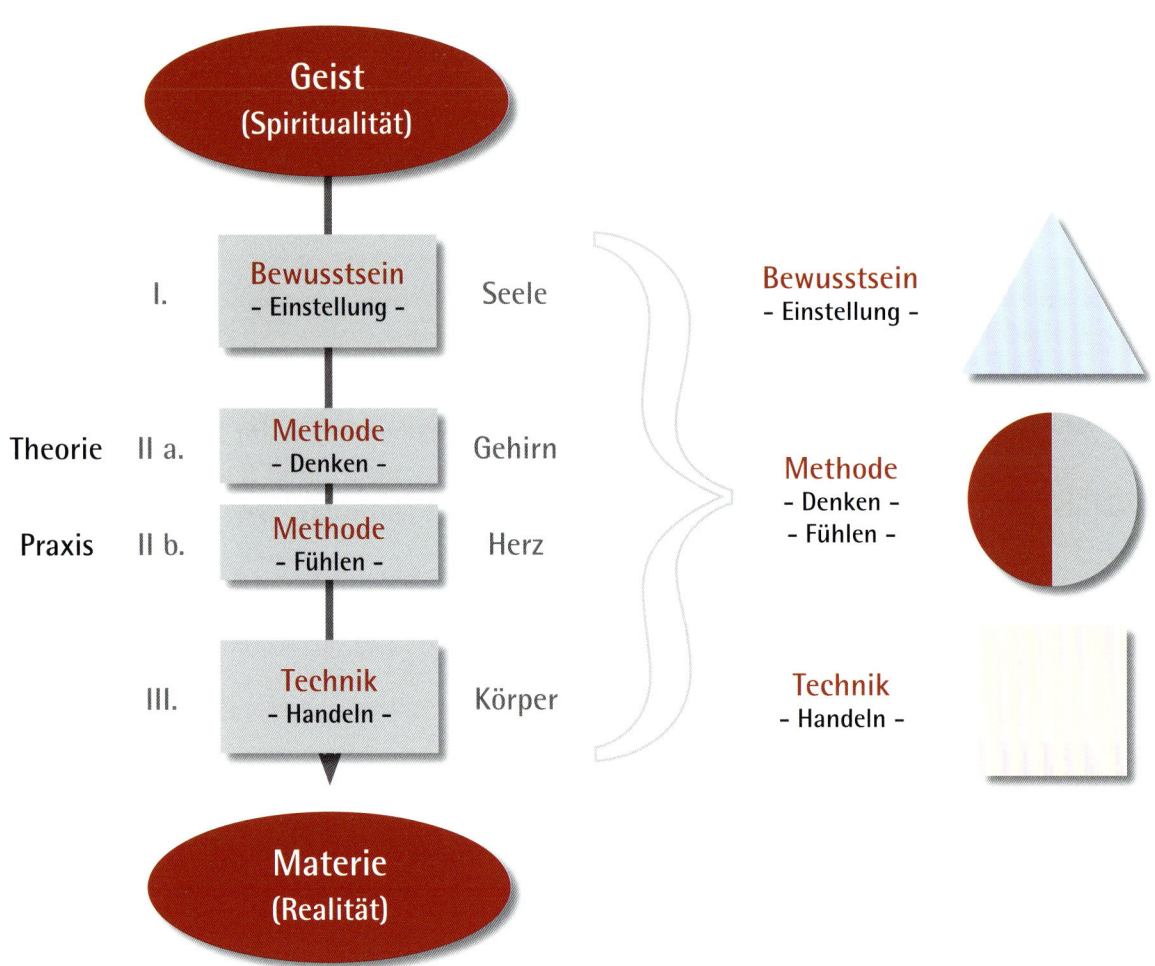

Materie ist geronnener Geist.
Albert Einstein

Frieden
(Der Weg unserer Seele)

„Frieden" oder auch „Sinn" stehen in dem Modell der LebensBalance für den Lebensbereich Seele. In diesem Bereich definiert sich der eigentliche Sinn unseres Lebens, denn es kann nicht der eigentliche Sinn des Lebens sein, Geld aufzuhäufen, um am Ende der reichste Mensch auf dem Friedhof zu sein. Auch kann es nicht der materielle Genuss sein, sonst wären wohlhabende Menschen ja in Wirklichkeit glücklicher als arme Menschen. Zahlreiche Studien beweisen das Gegenteil. Der Weg unserer Seele ist daher wohl der wichtigste Weg in unserem Leben.

Die wahre Lebenskunst besteht darin, im Alltäglichen das Wunderbare zu sehen.
Pearl S. Buck

Wie merken wir, dass wir uns zu wenig um den Lebensbereich Frieden (Sinn) gekümmert haben?

Die Warnlampen des „fehlenden" Lebensbereiches Frieden (Sinn) sind:

- Unklarheit über den Unterschied zwischen Wichtigem und Unwichtigem in unserem Leben

- Fehlende Lebensvision

- Fehlende Lebensziele

- Unklare persönliche Werte

- Mangelnde seelische Ruhe

- Fehlende Freude am Leben

- Fehlende persönliche Entwicklung

- Wunsch nach mehr sozialem Engagement, ohne Zeit dafür zu haben.

- Gefühle der Sinnlosigkeit

- Sehnsucht in Glaubensfragen

Diesen wesentlichen Lebensbereich zu vernachlässigen, ist sehr gefährlich. Ebenso wie bei dem zweiten zentralen Lebensbereich Körper merken wir anscheinend nicht, dass uns etwas fehlt. Seele und Körper sind sehr tolerant in Bezug auf Vernachlässigung. Dies

mag daher rühren, dass wir dadurch die Gelegenheit bekommen, uns um die alltägliche Lebenssicherung kümmern zu können, ohne uns permanent um unsere Seele und unseren Körper mühen zu müssen. Anders als beim Geist und beim Herzen, deren Fehlen wir sofort merken (sei es durch fehlerhafte Entscheidungen oder durch negative Emotionen), haben Seele und Körper eine eingebaute Toleranz. In traditionellen Lebensweisen sind daher Zeiträume der Ruhe und des Gebetes eingebaut gewesen. Es gab die Mittagsruhe, Feierlichkeiten im Jahresverlauf, die Unantastbarkeit des Sonntages als Ruhetag, ...

Ebenso gibt es je nach Glaubensgemeinschaft Rituale, die uns Anleitung geben, unsere Seele aktiv zu pflegen. Ganz gleich, ob dies der Gottesdienst ist oder eine Meditation; die Seele braucht Rituale.

Anmerkung: Die Inhalte dieses Buches repräsentieren keine bestimmte Glaubensrichtung. Erst wenn die Menschen lernen, für einander gegenseitig Achtung zu empfinden und diese zu leben, wird es dauerhaften Frieden geben.

Gott ist überall. Er ist auch hier.
Wenn du ihn hier nicht findest,
brauchst du ihn auch nicht woanders suchen.
Nicht er ist abwesend, sondern du.

Solange der Weltenraum ist, solange fühlende Menschen sind,
die leiden, werde ich sein, zu helfen und zu dienen.
Ich bin nicht mehr als ein Diener der Anderen.

Dalai-Lama (aus seinen Gebeten)

39

Frieden

Ethik – ohne Vorteil
Mitte – ohne Extreme
Wettbewerb – ohne Hass
Einfluss – ohne Sieg
Besitz – ohne Neid
Geld – ohne Geiz
Streben – ohne Verbissenheit
Glauben – ohne Mission
Freude – ohne Schaden
Ruhe – ohne Langeweile
Bewegung – ohne Hast
Erziehung – ohne Drill
Beisammensein – ohne Enge
Musik – ohne Lärm
Schönheit – ohne Nutzen
Helfen – ohne Absicht
Liebe – ohne Zweck.

F reude
R espekt
I nspiration
E hrlichkeit
D ankbarkeit
E inklang
N atürlichkeit

Ich möchte am Ende meines Lebens nicht feststellen,
dass ich es nur der Länge nach durchlebt habe.
Ich möchte auch seine Weite erlebt haben.

Diane Ackerman

Die Ehrfurcht vor dem Leben

Ehrfurcht vor dem Leben ist Ergriffensein von dem unendlichen, unergründlichen, vorwärtstreibenden Willen, in dem alles Sein gegründet ist. Sie hebt uns über alle Erkenntnis der Dinge hinaus und lässt uns zum Baum werden, der vor der Dürre bewahrt wird, weil er an den Wasserbächen gepflanzt ist.
Albert Schweitzer in „Kultur & Ethik"

Wohl kaum ein anderer Philosoph und Menschenfreund hat sich so sehr mit der Ehrfurcht vor dem Leben, als Grundlage einer gelebten Ethik, auseinandergesetzt, wie Albert Schweitzer. Ein faszinierender Mensch mit vielfältigen und zugleich außerordentlichen Talenten. Aber nicht der Gebrauch seiner Talente für den Selbstzweck haben ihn zu Lebzeiten geleitet, sondern der Einsatz seiner Talente für das Leben an sich, für Andere, für die Natur und für eine bessere Welt.
Wir können für unsere innere Balance daraus lernen, dass es im Leben wirklich um eine zentrale Frage geht:

Welchen Nutzen und welchen Wert möchten wir dieser Welt geben und hinterlassen?

Eigentlich ist es ganz einfach, und scheinbar doch schwer. Denn unsere permanente Sorge um unser eigenes kleines Ego verstellt uns den klaren Blick auf die Dinge, wie sie wirklich sind. Der Wunsch und die Sehnsucht nach Frieden in uns und um uns herum, wohnt in jedem Menschen. Es ist der Wunsch nach einem positiven Beitrag für diese Welt. Dieser Wunsch ist im übrigen auch der Samen unserer Vision. Die persönliche Vision ist somit nicht etwas, das wir uns einfach mal ausdenken, sondern sie schlummert seit unserer Geburt in uns, darauf wartend, uns wirklichen Frieden und Sinn zu schenken, indem wir sie leben.

Dazu müssen wir nur folgende Schritte konsequent gehen:

- 1.) Diese Gedanken von Frieden, Sinn und Vision für uns überprüfen und annehmen.
- 2.) Unseren Sinn in Form unserer Lebensvision herausfinden.
- 3.) Diese Lebensvision formulieren, aufschreiben und somit zu Leben erwecken.
- 4.) Die eigene Vision leben – jeden Tag.

Das Leben ist ein Wunder, das es jeden Tag aufs neue zu entdecken gilt.

Albert Schweitzer hat in einer Predigt, die er am 16.2.1919 gehalten hat, folgendes über dieses Wunder gesagt:

„Welches ist der Unterschied zwischen einem Gelehrten, der die kleinsten und ungeahntesten Lebenserscheinungen im Mikroskop beobachtet, und dem alten Landmann, der kaum lesen und schreiben kann, wenn er im Frühling sinnend in seinem Garten steht und die Blüte betrachtet, die am Zweige des Baumes aufbricht? Beide stehen vor dem Rätsel des Lebens, und einer kann es weitergehender beschreiben wie der andere, aber für beide ist es gleich unergründlich. Alles Wissen ist zuletzt Wissen vom Leben und alles Erkennen, Staunen über das Rätsel des Lebens."

Es war für Albert Schweitzer immer undenkbar, dass er ein glückliches Leben führen sollte, während so viele andere um ihn herum mit dem Leid zu kämpfen hatten. Taten waren ihm wichtiger als Worte.

Für sein Werk erhielt Albert Schweitzer 1952 den Friedensnobelpreis. Er starb als 90-jähriger in seinem afrikanischen Hospital Lambarene.

Ich bin Leben, das leben will,
inmitten von Leben, das leben will.

Albert Schweitzer

Die wahre Freude im Leben liegt darin, für einen Zweck benutzt zu werden, den man selbst als einen gewaltigen betrachtet.
Eine Kraft der Natur zu sein, statt ein fiebernder, selbstsüchtiger kleiner Haufen voll Krankheiten und Beschwerden, der sich darüber beklagt, dass die Welt sich nicht darum kümmert, einen glücklich zu machen.

Ich bin der Meinung, dass mein Leben der ganzen Gesellschaft gehört und, weil ich lebe, ist es mir eine Ehre, dafür alles zu tun was ich kann.
Ich möchte völlig verbraucht sein, wenn ich sterbe, denn je härter ich arbeite, desto mehr liebe ich.

Ich erfreue mich am Leben um seiner selbst willen.
Für mich ist das Leben kein kurzer Kerzenstummel.
Es ist eine Art wunderbarer Fackel, die ich für einen Moment halten darf.
Und ich möchte sie so hell wie möglich brennen lassen,
bevor ich sie weitergebe an zukünftige Generationen.

George Bernhard Shaw

Wenn wir nicht Frieden in unserem Inneren schaffen können, wie können wir da hoffen, Frieden in der Welt zuwege zu bringen?

Thich Nhat Hanh

47

Ich habe einen Traum

Dieser Satz steht für die überwältigende Rede, die Martin Luther King vor 40 Jahren (1963) in Washington gehalten hat. Ein Mensch, der von einer besseren Welt geträumt hat und bereit gewesen ist, sein Leben für diese seine Sinnfrage zu geben.

Das berühmte Ende seiner Rede:

ICH HABE EINEN TRAUM!

Ich habe einen Traum, dass meine vier kleinen Kinder eines Tages in einer Nation leben werden, in der sie nicht wegen der Farbe ihrer Haut, sondern nach dem Wesen ihres Charakters beurteilt werden.

Ich habe einen Traum, dass eines Tages unten in Alabama mit den brutalen Rassisten, mit einem Gouverneur, von dessen Lippen Worte der Einsprüche und Annullierungen tropfen, dass eines Tages wirklich in Alabama kleine schwarze Jungen und Mädchen mit kleinen weißen Jungen und weißen Mädchen als Schwestern und Brüder Hände halten können.

Ich habe einen Traum, dass eines Tages jedes Tal erhöht und jeder Hügel und Berg erniedrigt werden. Die unebenen Plätze werden flach und die gewundenen Plätze gerade, und die Herrlichkeit des Herrn soll offenbart werden, und alles Fleisch miteinander wird es sehen. Dies ist unsere Hoffnung. Dies ist der Glaube, mit dem ich in den Süden zurückgehen werde. Mit diesem Glauben werden wir den Berg der Verzweiflung behauen, einen Stein der Hoffnung. Mit diesem Glauben werden wir gemeinsam arbeiten können, gemeinsam beten können, gemeinsam kämpfen können, gemeinsam in das Gefängnis gehen können, um gemeinsam einen Stand für Freiheit mit dem Wissen zu machen, dass wir eines Tages frei sein werden. Und dies wird der Tag sein. Dies wird der Tag sein, wenn alle Kinder Gottes mit neuer Bedeutung singen können: Mein Land, es ist über dir, süßes Land der Freiheit, über das ich singe, Land, wo mein Vater starb, Land des Pilgers Stolz, von jedem Berghang, lass die Glocken der Freiheit läuten. Wenn Amerika eine großartige Nation sein soll, dann muß dies wahr werden.

Lass daher die Glocken der Freiheit von den wunderbaren Hügeln von New Hampshire läuten. Lass die Glocken der Freiheit läuten von den mächtigen Bergen New Yorks. Lass die Glocken der Freiheit von den Höhen der Alleghenies in Pennsylvania läuten. Lass die Glocken von den schneebedeckten Gipfeln der Rockies in Colorado läuten. Lass die Glocken der Freiheit vom Lookout Mountain in Tennessee läuten. Lass die Glocken der Freiheit von jedem Hügel und Maulwurfshügel in Mississippi läuten. Von jedem Berghang lass die Glocken der Freiheit läuten.

Wenn dies geschieht, und wenn wir erlauben, dass die Glocken der Freiheit läuten und wenn wir sie von jedem Dorf und jedem Weiler, von jedem Staat und jeder Stadt läuten lassen, werden wir diesen Tag schneller erleben, wenn alle Kinder Gottes, schwarzer Mann und weißer Mann, Juden und Christen, Protestanten und Katholiken Hände halten können und die Worte des alten Neger-Spirituals „Endlich frei, endlich frei. Danke Gott, Allmächtiger", endlich frei singen.

Wenn es nichts gibt, für das es sich lohnt zu sterben, wofür sollten wir dann leben?

Martin Luther King

Für sein Werk erhielt Martin Luther King 1964 bereits als 35 jähriger den Friedensnobelpreis. Er wurde knapp 5 Jahre später in Memphis, Tennessee erschossen.

Wenn es nichts gibt, für das es sich lohnt zu sterben,
wofür sollten wir dann leben?

Martin Luther King

Wofür wären Sie bereit zu sterben?

Stärke durch Sinn und Glauben

Es wäre eine unvollständige Betrachtung, wenn nicht eine weitere charismatische Persönlichkeit zu diesem Lebensbereich zu Wort kommt.

Mohandas K. Gandhi ist uns allen bekannt unter dem Namen, Mahatma Gandhi. Mahatma heißt in Sanskrit „dessen Seele groß ist". Was macht das Leben eines Menschen aus, der zum einen mit großer Seele gelebt hat und dennoch allen Lebensbereichen gehuldigt hat?

Der Mensch wird oft zu dem, was er zu sein glaubt. Wenn ich mir ständig einrede, eine bestimmte Sache gehe einfach über meine Kraft, dann kann es sein, dass ich schließlich tatsächlich zu schwach dazu bin. Glaube ich hingegen fest an meine Fähigkeiten, eine bestimmte Leistung zu erbringen, so werde ich diese Fähigkeit sicherlich erwerben, auch wenn ich sie ursprünglich nicht besaß.

Mahatma Gandhi

Durch die Stärke seiner seelischen Überzeugung und der Gewissheit für die richtige Sache zu kämpfen, zwang er die britische Kolonialmacht in die Knie.

„Stärke entspringt nicht aus physischer Kraft, sondern aus einem unbeugsamen Willen."

Nach dieser Überzeugung lebte dieser Mensch seine Vision, ohne Wenn und Aber und führte letztlich mehr als 300 Millionen Menschen in die Freiheit.

Leider haben seine Landsleute nicht viel gelernt. Das Land zerfiel in die beiden Länder Indien und Pakistan aufgrund des unterschiedlichen Glaubens. Zwei Länder, die sich heutzutage feindselig gegenüberstehen und die anscheinend nichts von dem verstanden haben, was Gandhi einst lehrte.

Es ist ebenso bitter festzustellen, dass in den letzten 75 Jahren weit mehr als 100 Millionen Menschen von anderen Menschen umgebracht wurden – in den letzten 75 Jahren, nicht irgendwann vor langer Zeit, sondern bis zum heutigen Tag.

Dieses Buch handelt aber nicht von der Balance der Welt, und wir täten gut daran, nicht auf andere zu zeigen. Die kollektive Lebensbalance (Weltbalance) ist ein ganz anderes Thema, und sie beginnt immer bei der LebensBalance jedes einzelnen Menschen. Ist es nicht so, dass viel Unheil in die Welt getragen wird, eben weil ein einzelner Mensch nicht seine eigentliche Vision und Bestimmung lebt?

Indem er sich selbst aus der Balance gebracht hat verliert sich der Mensch an oberflächliche, falsche, und sogar grausame Ziele.

Weil heutzutage jeder das Recht auf Gewissensfreiheit im Munde führt, ohne sich einer wie immer gearteten Disziplin zu unterwerfen, wird einer ratlosen Welt so viel Unwahrheit gepredigt.

Mahatma Gandhi

Für Frieden in der Welt brauchen wir den inneren Frieden der Menschheit.
Der innere Frieden der Menschheit braucht den inneren Frieden der einzelnen Völker.
Der innere Frieden jedes Volkes braucht den inneren Frieden jedes einzelnen Menschen.

Der innere Frieden des Menschen entsteht allerdings nur in Balance. Erst wenn wir mit uns selbst im Reinen sind und in Einklang von Seele und Körper mit Gehirn und Herz leben, sind wir offen für die LebensEnergie und können beginnen, diese fließen zu lassen. Auch können wir dann das Leben fließen lassen. Wir haben dann mit dem Rudern aufgehört und mit dem Segeln begonnen.

50

Hören Sie auf zu rudern und fangen Sie an zu segeln !

Zu innerem Frieden gehört der Respekt vor der Andersartigkeit. Erst wenn wir Andersartigkeit als Bereicherung sehen und nicht mehr als Fehler, werden wir in Freundschaft und Frieden leben können.

Dabei bräuchten wir nur die positive Energie der Natur und die Liebe Gottes wirken zu lassen und schon wären wir auf dem Weg in ein glücklicheres Leben, zu einer harmonischeren Familie, einer verständnisvolleren Gesellschaft und einer friedlicheren Welt.

Inspirationen von Mahatma Gandhi:

**Alles steht zum besten mit dir,
auch wenn schier alles zu misslingen scheint,
solange du nur mit dir selber im Reinen bist.**

**Umgekehrt stimmt nichts mit dir,
selbst wenn es äußerlich gut zu gehen scheint,
solange du nicht mit dir selbst im Reinen bist.**

**Ich glaube an Gott, nicht als Theorie,
sondern als Tatsache,
die realer ist als die Tatsache des Lebens.**

**Wenn ich das Wunder eines Sonnenuntergangs
oder die Schönheit des Mondes bewundere,
so weitet sich meine Seele in der Ehrfurcht vor dem Schöpfer.**

52

Hoffnung ist nicht die Überzeugung,
dass etwas gut ausgeht,
sondern die Gewissheit,
dass etwas Sinn hat,
egal wie es ausgeht.

Václav Havel

Sinn

Wir fragen nach dem Sinn des Lebens und könnten uns doch die Antwort selber geben. Der Sinn unseres Lebens ist der, welchen wir ihm geben. Wir entscheiden darüber, was wir mit unseren eigenen Kräften bewirken – jeden Tag aufs neue. Es ist so viel Lebensenergie auf unserer Erde, dass wir wahrlich all unsere Probleme gemeinsam lösen könnten. Wir müssten nur damit anfangen und uns auch als Gemeinschaft der Menschen auf das konzentrieren, was wirklich wichtig ist. Wenn ich das Theater jeden Tag in den Nachrichten sehe, mit welch' Nichtigkeiten man sich dort plagt, zu feige, den wahren Herausforderungen des Lebens ins Gesicht zu sehen! Und tief im Inneren bleibt die Traurigkeit, die als Sinnlosigkeit empfunden wird, weil wir ahnen, wie schön und erfüllend unser Leben sein könnte, wenn wir uns unseren Aufgaben mutig entgegenstellen würden. Wir könnten alles schaffen, denn mit den **Aufgaben** haben wir die **Gaben** erhalten, sie zu lösen. Die Menschen ziehen es aber anscheinend vor, Puppen in einem Theater zu sein. Die scheinbare Sicherheit des Gewohnten und die Bequemlichkeit des kleinsten gemeinsamen Nenners, der gerne Konsens genannt wird, verführen uns jeden Tag aufs neue, sitzen zu bleiben, anstatt aufzustehen, alles zu belassen wie es ist, anstatt es zu verbessern und viel zu reden, ohne etwas zu sagen.

Konsens ist oft Nonsens – um den richtigen Weg zu streiten, bedeutet, eine Meinung zu haben und leidenschaftlich dafür einzutreten.

Lassen Sie uns aufhören, uns wie Puppen zu benehmen, und den Sinn unseres Lebens aktiv gestalten!

Wir sind verantwortliche menschliche Wesen, nicht blinde Automaten. Wir sind Persönlichkeiten, nicht Puppen.

Martin Luther King

Gedanken von Victor Frankl, dem Begründer der Logotherapie zum Thema Sinn:

„Das passiert mitten in wohlhabenden Gesellschaften und mitten in Wohlfahrtsstaaten!
Wir haben zu lange einen Traum geträumt, aus dem wir jetzt erwachen. Wir haben geträumt, wir müssten nur die sozialökonomische Lage der Menschen verbessern, dann wäre alles in Ordnung, und die Menschen wären glücklich. In Wahrheit ist mit dem Nachlassen des Kampfes ums Überleben die Frage aufgetaucht: Überleben wofür?
Heute haben immer mehr Menschen die Mittel zum Leben, aber keinen Sinn, für den sie leben.

Jeder hat im Leben seine eigene spezifische Mission oder Berufung. Weder ist er in dieser zu ersetzen, noch lässt sich sein Leben wiederholen. Daher ist die Aufgabe eines jeden so einzigartig wie seine spezifische Möglichkeit, sie zu erfüllen.

Letzten Endes sollte der Mensch nicht fragen, was der Sinn seines Lebens ist, sondern erkennen, dass er es ist, der gefragt ist. Jeder wird, in einem Wort, vom Leben befragt; und er kann nur dadurch antworten, dass er für sein eigenes Leben antwortet; auf das Leben kann er nur dadurch antworten, dass er verantwortlich ist."

Viele Menschen haben eine falsche Vorstellung davon, was wahres Glück ist. Man erlangt es nicht durch In-den-Tag-hineinleben, sondern durch Hingabe an ein sinnvolles Ziel.

Helen Keller

Jeder hat im Leben seine eigene spezifische Mission oder
Berufung. Weder ist er in dieser zu ersetzen, noch lässt sich
sein Leben wiederholen. Daher ist die Aufgabe eines jeden
so einzigartig wie seine spezifische Möglichkeit, sie zu erfüllen.

Victor Franke

Bekenntnis zum freien Leben

Ich will unter keinen Umständen ein Allerweltsmensch sein. Ich habe ein Recht darauf, aus dem Rahmen zu fallen – wenn ich es kann. Ich wünsche mir Chancen, nicht Sicherheiten. Ich will kein ausgehaltener Bürger sein, gedemütigt und abgestumpft, weil der Staat für mich sorgt. Ich will dem Risiko begegnen, mich nach etwas sehnen und es verwirklichen, Schiffbruch erleiden und Erfolge haben. Ich lehne es ab, mir den eigenen Antrieb mit einem Trinkgeld abkaufen zu lassen. Lieber will ich den Schwierigkeiten des Lebens entgegentreten, als ein gesichertes Dasein führen; lieber die gespannte Erregung des eigenen Erfolgs, statt die dumpfe Ruhe Utopiens.

Ich will weder meine Freiheit gegen Wohltaten hergeben, noch meine Menschenwürde gegen milde Gaben. Ich habe gelernt, selbst für mich zu denken und zu handeln, der Welt gerade ins Gesicht zu sehen und zu bekennen, dies ist mein Werk. Das alles ist gemeint, wenn wir sagen: Ich bin ein freier Mensch.

Albert Schweitzer

Weisheiten aus Hawaii

IKE – sei sicher
Die Welt ist, wofür wir sie halten.
Alles ist ein Traum.
Alle Systeme sind willkürlich.

KALA – sei frei
Es gibt keine Grenzen.
Alles ist verbunden mit allem.
Alles ist möglich.
Trennung ist eine nützliche Illusion.

MAKIA – sei konzentriert
Energie folgt der Aufmerksamkeit.
Aufmerksamkeit folgt der Energie.
Alles ist Energie.

PONO – sei flexibel
Wirksamkeit ist das Maß der Wahrheit.
Es gibt immer auch einen anderen Weg.

MANAWA – sei hier
Jetzt ist der Augenblick der Macht.
Alles ist relativ.
Macht nimmt zu, wenn Aufmerksamkeit zunimmt.

ALOHA – sei liebevoll
Lieben heißt, glücklich zu sein mit ...
Liebe nimmt zu, wenn das Urteilen abnimmt.
Alles ist lebendig, bewusst und gibt Antwort.

MANA – sei zuversichtlich
Alle Macht kommt von innen.
Alles besitzt Macht.
Macht kommt aus Autorität.

Intensivierung des Lebensbereiches Frieden

Wann haben Sie zuletzt...

- gebetet?
- still dagesessen und Ihren Atem wahrgenommen?
- ein Buch über das Leben gelesen?
- einen ruhigen Spaziergang unternommen?
- Zeit gehabt für sich selbst?
- einen Gottesdienst besucht?
- mit Freunden philosophisch diskutiert?
- über einen Schmetterling gestaunt?
- sich mit Ihrer Lebensvision beschäftigt?
- soziales Engagement gezeigt?
- mit Ihrem Team über die Vision und Kultur Ihres Unternehmens gesprochen?
- für etwas gekämpft (anstatt gegen etwas)?
- in der Bibel oder einem anderen heiligen Buch gelesen?
- meditiert?
- eine Auszeit genommen?
- Zeit in der Natur verbracht?

Es gibt sehr viel, was wir für unsere Seele tun können. Es bedarf oft nicht *viel* Zeit, nur *intensive* Zeit. So reichen oft täglich wenige Minuten Meditation und Gebet aus, um sich zu öffnen für die größeren Kräfte um uns herum. Wenn wir doch erkennen würden, wie wichtig diese Zeit für unser Gleichgewicht ist, dann hätten wir viel weniger Angst, Zweifel und Unentschlossenheit in unserem Leben. Alles was wir brauchen ist da, wir müssen nur offen sein, um es anzunehmen. So entsteht die wahre LebensBalance, indem wir unser Seelenheil wieder als Kompass wahrnehmen, der uns leiten möchte zu dem eigentlichen Sinn unseres Lebens. Wenn wir in diesem Sinn leben, dann wird uns nichts mehr erschüttern. Wir glauben es kaum, denn so orientierungslos wir derzeit sind, so anfällig sind wir für die negativen Emotionen, die uns jeden Tag begegnen.

Wahre Freiheit kann nur in uns entstehen. Wenn wir innerlich frei sind, werden wir uns auch eine freie Umgebung schaffen.

Welches ist der Sinn unseres Lebens, welches der Sinn des Lebens aller Lebewesen überhaupt? Eine Antwort auf diese Frage wissen, heißt religiös zu sein.

Wer sein eigenes Leben und das seiner Mitmenschen als sinnlos empfindet, der ist nicht nur unglücklich, sondern kaum lebensfähig.

Albert Einstein

Wenn Sie einmal die Fähigkeit haben, das Wasser des Ozeans zu berühren, fürchten Sie sich nicht mehr vor dem Sein und Nichtsein und dem Kommen und Gehen der Wellen.

Thich Nhat Hanh

Das Leben ist keine Schnellstraße zwischen Wiege und Bahre,
sondern auch ein Platz zum Genießen und Entspannen.

Freude
(Der Weg von Seele und Herz)

Mit dem Lebensbereich „Freude" oder auch „Spaß" als gemeinsamer Bereich von Seele und Herz ist all das in unserem Leben gemeint, das allein dazu dient, uns Freude und Spaß zu bereiten, wie zum Beispiel:

Kultur, Musik, Kunst, Hobbys, Gartenarbeit, Kochen, Reisen, Theater, ...

Dieser Lebensbereich will deutlich machen, wie wichtig es ist, sich bewusst Zeit zu nehmen für Dinge, die unser Herz erfreuen.

Die Warnlampen des „fehlenden" Lebensbereiches Freude (Spaß) sind:

- Fehlende Lust am Leben
- Unlust im Alltag
- Niedergeschlagenheit
- Müdigkeit
- Angst
- Pessimismus
- Traurigkeit
- Fehlende LebensEnergie
- Probleme mit Menschen
- Wunsch nach einer Lebensveränderung
- Gefühle der Traurigkeit (ohne genauen Grund)
- Das Leben wird als Last empfunden
- Psychosomatische Krankheiten
- Depressive Gedanken

Freude ist die beste Medizin gegen Angst.

Musik als Mathematik der Seele und auch des Herzens beschreibt sehr gut, dass wir uns durch einen schönen Genuss mit all unseren Sinnen am Leben erfreuen können. Ebenso können ein schönes Musikstück, ein wundervolles Bild, eine schöne Landschaft, ein gutes Essen, eine blühende Pflanze oder ein lustiges Theaterstück unsere Sinne und Seele stärken.

Diese Erlebnisse bewahren uns davor, unser Leid für wichtiger zu nehmen als unsere Lust. Erst wenn wir dies kultivieren, haben wir um so mehr Freude und Spaß auch in den anderen Lebensbereichen.

Gerade wenn wir diese Lebensbereiche intensivieren und nicht aus Zeitmangel daran sparen, gewinnen wir Kraft für alle Bereiche. Es fällt ja anscheinend auch leicht, die schönen Dinge im Leben einmal beiseite zu lassen. Die Folgen dieser Unbalance sind für unsere Seele und unser Herz allerdings verheerend, denn plötzlich kommen Freude und Spaß auch in den anderen Lebensbereichen abhanden und unser Leben kommt so richtig aus der Balance.

Nehmen Sie sich daher auf jeden Fall Zeit für diesen Lebensbereich.

Menschen, die sich freuen, geben diese Freude spürbar weiter.

Wie ich Freude schaffe?
Ich öffne mich für sie, ich suche nach ihr,
und wenn ich sie gefunden habe,
lasse ich sie durch meinen Körper fließen.
Freude strahlt immer wie ein Leuchtfeuer
von innen heraus.

Violet Patience

Freude ist die beste Medizin gegen Angst.

Freude oder Spaß?

Begrifflichkeiten und Worte sind wichtig, da wir damit Aussagen machen. Ich habe sogar schon gehört, dass man den Begriff „Spaß" unbedingt durch den Begriff „Freude" ersetzen sollte, da Spaß etwas Oberflächliches sei und Freude viel tiefer gehe und demzufolge besser sei.

Ich möchte an dieser Stelle den Blick gerne etwas weiten !

Freude und Spaß sind in der Tat sehr unterschiedlich. Freude bezieht sich mehr auf Seelisches, auf das Immaterielle, und Spaß eher auf Materielles. Beides gehört aber zu unserem Leben, bestehen wir doch aus Seele und Körper.

Ich habe an meinem Boot Spaß und freue mich in Ruhe über einen Sonnenuntergang, bei dem ich über das Leben nachdenken kann. Ich habe mit anderen Menschen bei einer Bergtour Spaß, wir machen Witze, singen und lachen. Ich freue mich, wenn ich den Gipfel erreicht habe und ins Tal sehe, auch wenn der Weg zum Gipfel anstrengend war und unterwegs vielleicht nicht immer „Spaß" gemacht hat.

Wir leben in einer Spaßgesellschaft, was bedeutet, dass wir uns auf Erlebnisse und „Action" konzentrieren und dabei den eher ruhigen seelischen Teil der Freude vernachlässigen. Freude hat als Ausdruck der Seele mit unserem Lebenssinn zu tun, mit unserem Beitrag für andere Menschen und auch mit unserer eigenen persönlichen Weiterentwicklung. Freude entspringt den gelebten Werten, für die wir uns entscheiden. Dies alles kommt heute in der Tat zu kurz in unserer Gesellschaft, und diese Leere wird überblendet mit noch mehr Spaß, noch mehr Materiellem, mit Mode, Trends und Oberflächlichkeiten. Diesen Zustand gilt es zum Wohle der Menschen zu verändern.

Verbannen Sie dabei aber bitte nicht den Spaß aus Ihrem Leben!

Der Spaß entspringt der körperlichen Komponente unseres Herzens. Er hat viel mit Lachen und Tanzen zu tun, mit Frohsinn und Humor, mit Leichtigkeit und wirklich tollen Erlebnissen, die für unsere Balance gut sind. Wer viel Spaß auf einem Volksfest hat, oder eine Party besucht, auf der die Menschen viel Spaß haben, wer in einen Tiefschneehang bei blauem Himmel hineinspringt und nur noch jodeln kann, weil das Leben so schön ist, oder wer seine Hobbys pflegt, hat ganz einfach Spaß am Leben. Das ist so wichtig und hat körperliche Auswirkungen, wie sie anhand der sogenannten Glückshormone gemessen werden können.

Die Freude hingegen entspringt tieferen, göttlichen Gefühlen, und wir empfinden ein tiefes Glück, zum Beispiel, wenn wir ein für uns wichtiges Ziel erreicht haben, ein meisterhaftes Konzert hören oder ein wunderschönes Bild betrachten. Auch wenn wir uns sehr Anstrengendes vorgenommen haben, z. B. einen Marathonlauf, den wir auf dem Weg überhaupt nicht spaßig finden, so verspüren wir dennoch tiefe Freude, wenn wir am Ziel ankommen. Diese Freude entfacht unsere Seele. Oft reicht hier der Blick in die Augen eines Kindes oder auf einen Schmetterling im Frühjahr.

Spaß und Freude gehören in unser Leben, weil beide Elemente Regungen von Körper und Seele sind.

Die schönsten Freuden im Leben sind die vielen kleinen Momente.
Die Momente, in denen wir uns über das Leben freuen.
Die Momente, in denen wir zur richtigen Zeit am richtigen Ort sind.
Es sind diese Bilder, die wir einmal mitnehmen werden
und die wahrhaft wertvoll sind.
Es sind die Kleinigkeiten, die unserem Leben Farbe geben.

Die schönste Freude im Leben entsteht
durch die vielen Kleinigkeiten, die unserem
Leben Farbe geben.

Es ist, was es ist

Es ist Unsinn, sagt die Vernunft
Es ist, was es ist, sagt die Liebe

Es ist Unglück, sagt die Berechnung
Es ist, was es ist, sagt die Liebe

Es ist nichts als Schmerz, sagt die Angst
Es ist, was es ist, sagt die Liebe

Es ist aussichtslos, sagt die Einsicht
Es ist, was es ist, sagt die Liebe

Es ist lächerlich, sagt der Stolz
Es ist, was es ist, sagt die Liebe

Es ist leichtsinnig, sagt die Vorsicht
Es ist, was es ist, sagt die Liebe

Es ist unmöglich, sagt die Erfahrung
Es ist, was es ist, sagt die Liebe

Erich Fried

Intensivierung des Lebensbereiches Freude

Wann haben Sie zuletzt...

- ein Theater besucht?
- in einem Museum Bilder bestaunt?
- intensiv Musik gehört?
- ein Konzert besucht?
- Ihr Hobby gepflegt?
- in Ruhe Gartenarbeit gemacht?
- einen Roman gelesen?
- eine Reise unternommen?
- ein Essen gekocht?
- ein gutes Essen genossen?
- etwas „Unsinniges" gemacht, das Ihnen ganz einfach nur Spaß gemacht hat?
- sich etwas geleistet, über das Sie sich freuen?

Es gibt sehr viel, das uns einfach Freude bereitet, ebenso wie es viel materielles Erleben oder Besitzen gibt, das uns Spaß macht.

Freude und Spaß gehören zu unserem Leben. Lassen Sie es zu.

Wahre Freiheit kann nur in uns entstehen. Wenn wir innerlich frei sind, werden wir uns auch eine freie Umgebung schaffen.

Freude am Leben bedeutet unterwegs zu sein, das Leben genießen und nicht möglichst schnell ankommen.

Denn:
Wer schneller lebt, ist eher fertig!

Lernen wir uns freuen,
so verlernen wir am besten, anderen weh zu tun.
Friedrich Nietzsche

Familie
(Der Weg unseres Herzens)

Dieser Lebensbereich, den ich auch „Sicherheit" genannt habe, ist ein heiliger Lebensbereich. Und auch wenn wir uns bei dem Thema LebensBalance stets einen Einklang aller Bereiche wünschen, so ist dieser Bereich dennoch besonders wichtig.

Die Familie aus der wir kommen, die wir gründen und die wir hinterlassen ist ein riesiger Schatz.

Leider verdunkeln oft Streit, Neid und Zwist die eigentliche Wahrheit einer Familie, in der es darum geht, jedem Familienmitglied ein Gefühl der Geborgenheit und des Angenommenseins zu geben. Selten kann die Liebe zwischen Menschen größer sein, als die zwischen Eltern und Kindern. Wenn wir uns für eine Partnerschaft entscheiden, ist es unsere Aufgabe, diese mit großer Liebe anzufüllen – und zwar jeden Tag aufs neue.

Wenn ich lese, wie selbstverständlich es unter den „berühmten" Persönlichkeiten aus Politik und gesellschaftlichem Leben ist, sich zu trennen und mit neuen Partnern zu vereinen, um sich alsbald wieder zu trennen, werde ich traurig. Diese Menschen laufen einem Scheinbild nach und verschenken die Fähigkeit zu lieben.

Oft ist es mangelnde LebensBalance durch mangelnde Zeit, denn Liebe ist tägliche Arbeit, täglicher Respekt und vor allem die tägliche Achtung im Umgang mit dem Anderen.

Wahre Liebe beinhaltet Achtung. Wenn Sie Achtung üben, werden Ihre Liebe und Ihr Glück lange Bestand haben.

Thich Nhat Hanh

Eine glückliche Partnerschaft ist wie ein Kunstwerk aus zwei Menschen, die jeden Tag daran arbeiten.

Woran merken wir, dass wir uns zu wenig um den Lebensbereich Familie (Sicherheit) gekümmert haben?

Die Warnlampen des „fehlenden" Lebensbereiches Familie (Sicherheit):

- Ärger mit dem Partner
- Unzufriedene Kinder
- Eigene Unzufriedenheit
- Schlechtes Gewissen
- Aggressive Stimmung
- Konflikte
- Drohende Trennung
- Scheidung
- Entfernung von den Eltern
- Gefühle der Traurigkeit über fehlendes Familienleben
- Unfähigkeit, das Spielen mit den Kindern zu genießen

Die Ehe ist eine heilige Verpflichtung

Dies ist einer der seelischen Teile unseres Herzens, daher wird auch die Ehe seit Jahrtausenden als etwas Heiliges betrachtet. Es ist für mich ein Naturgesetz und eine tiefe Verpflichtung, wenn wir uns einmal für einen Menschen entschieden haben. Die Ehe ist heilig und auch wenn wir sie auflösen können und uns scheiden, so bleibt doch Schaden für unsere Seele. Dies meine ich ohne moralischen Anspruch und ohne Beurteilung von anderen. Menschen haben nur selten das Recht, über andere Menschen moralisch zu urteilen. Dies ist auch nicht gemeint. Es ist eine ganz persönliche Sache. Häufig passiert es dann, dass auch die zweite Ehe scheitert, weil wir nichts gelernt haben und weil wir diese Verpflichtung nicht so tief spüren, wie sie gemeint ist. Es soll ja vorkommen, dass Menschen das viertemal verheiratet sind und ein Land führen sollen. Wenn ich nicht einmal eine Ehe führen kann, wie will ich dann ein Land führen? Ich hätte genug zu tun im kleinen das erstere zu lernen.

Kinder sind eine heilige Verpflichtung

Eher wird uns dies bei Kindern bewusst. Auch Kinder sind eine heilige Verpflichtung, die wir bewusst eingehen und die Seelen unserer Kinder haben uns bewusst ausgesucht, um etwas von uns zu lernen und um uns etwas beizubringen. Wir müssen nur offen sein. Offenheit und Präsenz im Augenblick sind die einzigen Geheimnisse im Umgang mit Kindern.

Vater und Sohn

Bis zum 6. Lebensjahr ist der Vater ein Held, er weiß alles und kann alles.
Bis zum 12. Lebensjahr weiß der Vater viel und kann viel, leider erlaubt er wenig.
In der Pubertät weiß der Sohn soviel wie der Vater und spätestens mit 18 weiß er alles besser. „Der altmodische Alte hat ja keine Ahnung". Das bleibt so bis 30, dann fragt sich der Sohn: „Was wohl mein Vater dazu meint?". Mit 40: „Vom Leben versteht mein Vater was – ich bin sehr stolz auf ihn."
Ab 50: „Der Vater weiß doch alles."
Und irgendwann: „Wenn ich doch bloß meinen Vater fragen könnte."

Inspirationen zu „Familiärer Erfolg"

- Die Ehe ist eine heilige Verpflichtung.
- Kinder sind eine heilige Verpflichtung.
- Pubertät ist, wenn die Eltern schwierig werden.
- Eltern und Kinder sollten gemeinsam so spielen, dass alle Spaß haben.
- Kinder sind nur auf der Durchreise.
- Unsere Kinder gehören uns nicht, wir dürfen aber bei ihrer Entwicklung helfen.
- Pflege Familienrituale (Sonntagsausflug, Spieleabend).
- Lobe deine Kinder täglich.
- Die Ehe ist kein Machtkampf, sondern gelebte Harmonie.
- Es gibt keinen idealen Ehepartner, aber es gibt deinen Ehepartner.
- Besuche deine alten Eltern regelmäßig.
- Vertraue den Fähigkeiten deiner Kinder.
- Vertraue deinem Ehepartner.
- Zu jedem Streit gehört die Versöhnung.
- Klopfe auch am Zimmer deines Kindes an.
- Es ist ein Unterschied zwischen Gerechtigkeit und Gleichheit.
- Gewähre dem jüngeren Kind nicht die Vorrechte des älteren.
- Erziehe mit Autorität, aber ohne Gewalt.
- Wenn sie es hören wollen, erzähle deinen Kindern viel aus deiner Jugend.
- Nimm dir viel Zeit für deinen Ehepartner und deine Kinder.
- Liebe braucht Zeit.
- Jeder in der Familie sollte bestimmte Aufgaben im Haushalt übernehmen.
- Bewahre Gebasteltes und Zeichnungen deiner Kinder auf. Und beschrifte sie mit dem Datum.
- Nimm deine Kinder auf Video auf.
- Auf Kinder wirkt das Vorbild mehr als Ermahnungen.
- Hör nicht auf das, was die Leute von deiner Kindererziehung halten.
- Lade zu Weihnachten oder Silvester einsame Menschen ein.
- Mache zwischen Arbeit und Familie eine Pause.
- Lies deinen Kindern viel vor.
- Singe mit deinen Kindern, auch wenn du meinst, es nicht zu können.
- Spiele viel mit deinen Kindern.
- Genieße Sport in der Familie gemeinsam.
- Erforsche deine Vorfahren – du wirst viel über dich lernen.
- Lehre nur das, was du auch leben kannst.
- Kinder sind ihren Eltern ähnlicher als sie möchten.
- Gib Fehler zu.
- Eine gute Ehe ist loyale Freundschaft mit gutem Sex (und noch viel mehr).
- Wer zuviel kritisiert, liebt zuwenig.
- Verführe deinen Partner stets auf neue.
- Zum Schönsten, was dir deine Kinder einmal sagen können, gehört: Du hattest immer genügend Zeit für mich.
- Die Belastung durch Kinder wiegt Nanogramm im Vergleich zu den Tonnen an Freude, die sie bereiten.

Gute Eltern zeichnen sich dadurch aus,
dass sie jeden Tag voll Achtung und offenen Herzens
im Augenblick leben.

Eure Kinder sind nicht eure Kinder.

Sie sind die Söhne und Töchter der Sehnsucht des Lebens nach sich selbst.

Sie kommen durch euch, aber nicht von euch, und obwohl sie mit euch sind, gehören sie euch doch nicht.

Ihr dürft ihnen eure Liebe geben, aber nicht eure Gedanken, denn sie haben ihre eigenen Gedanken.

Ihr dürft ihren Körpern ein Haus geben, aber nicht ihren Seelen, denn ihre Seelen wohnen im Haus von morgen, das ihr nicht besuchen könnt, nicht einmal in euren Träumen.

Ihr dürft euch bemühen, wie sie zu sein, aber versucht nicht, sie euch ähnlich zu machen.

Denn das Leben läuft nicht rückwärts, noch verweilt es im Gestern.

Ihr seid die Bogen, von denen eure Kinder als lebende Pfeile ausgeschickt werden.

Der Schütze sieht das Ziel auf dem Pfad der Unendlichkeit, und er spannt euch mit seiner Macht, damit seine Pfeile schnell und weit fliegen.

Laßt euere Bogen von der Hand des Schützen auf Freude gerichtet sein;

Denn so wie er den Pfeil liebt, der fliegt, so liebt er auch den Bogen, der fest ist.

Khalil Gibran

Eine glückliche Familie ist das schönste Werk,
das Menschen erschaffen können.

Mein liebes Kind

Du liebst das Leben – ohne wenn und aber.
Du strahlst mit deinem Charisma aus, was in dir ist.
Du trägst dein Herz vor dir her.
Du liebst Pflanzen und Tiere.
Ein Schmetterling erregt dich vor Schönheit.
Du stampfst trotzig auf den Boden und im nächsten Moment quietscht du vor Vergnügen.
Ein Glas Milch ist oft dein einziger Wunsch.
Nachts schläfst du früh ein und schupst mich früh aus den Federn.
Du träumst von Rittern und unbekannten Ländern.
Deine Phantasie scheint keine Grenzen zu haben.
Du tobst mit aller Energie, du singst aus vollem Hals, du rennst wie ein Reh – die Gegenwart gehört dir.
Du tanzt im Sand und nimmst ihn mit ins Bett.
Du heulst wie ein Sturm, wenn dir etwas nicht gelingt.
Das Wort „unmöglich" kennst du nicht, ebenso wenig wie das Wort „Misserfolg".
Du schaust jeden Menschen offen an und sagst ehrlich, was du denkst.
Wie oft hast du mich damit schon zum Lachen gebracht.
Du fragst viel und urteilst wenig.
Gestern ist für dich vorbei.
Morgen ist noch nicht da.
Du lebst im Hier und Jetzt.
Du liebst, als wärest du noch nie verletzt worden.

All das kann ich von dir lernen.

Arbeite, als ob du das Geld nicht brauchen würdest.
Tanze, als ob dir niemand zusehen würde,
und liebe, als ob du nie zuvor verletzt worden wärst.

Mark Twain

Über die Liebe

Pflicht ohne Liebe macht verdrießlich
Verantwortung ohne Liebe macht rücksichtslos
Gerechtigkeit ohne Liebe macht hart
Erziehung ohne Liebe macht widerspruchsvoll
Klugheit ohne Liebe macht gerissen
Freundlichkeit ohne Liebe macht heuchlerisch
Ordnung ohne Liebe macht kleinlich
Sachkenntnis ohne Liebe macht rechthaberisch
Macht ohne Liebe macht gewalttätig
Ehre ohne Liebe macht hochmütig
Besitz ohne Liebe macht geizig
Glaube ohne Liebe macht fanatisch.

Laotse

Über die Liebe wurde sehr viel geschrieben, was zum einen bedeutet, dass es über die Liebe viel zu sagen gibt, und zum anderen, dass niemand so richtig Ahnung hat, was unter Liebe verstanden wird.

Gerade dieses Verständnis fehlt häufig bei sich liebenden Menschen. Auch sprechen und handeln die Menschen viel zu wenig in Liebe. Liebe ist hierbei immer eine persönliche Einstellung.

Dunkelheit kann nicht Dunkelheit vertreiben, nur Licht kann dies tun. Hass kann nicht Hass vertreiben, nur Liebe kann dies tun.

Martin Luther King

Das Hohelied der Liebe

Wenn ich mit Menschen- und mit Engelzungen redete und hätte die Liebe nicht, so wäre ich ein tönendes Erz oder eine klingende Schelle. Und wenn ich prophetisch reden könnte und wüßte alle Geheimnisse und alle Erkenntnis und hätte allen Glauben, so dass ich Berge versetzen könnte, und hätte die Liebe nicht, so wäre ich nichts. Und wenn ich alle meine Habe den Armen gäbe und ließe meinen Leib verbrennen, und hätte die Liebe nicht, so wäre mir's nichts nütze.

Die Liebe ist langmütig und freundlich, die Liebe eifert nicht, die Liebe treibt nicht Mutwillen, sie bläht sich nicht auf, sie verhält sich nicht ungehörig, sie sucht nicht das Ihre, sie läßt sich nicht erbittern, sie rechnet das Böse nicht zu, sie freut sich nicht über die Ungerechtigkeit, sie freut sich aber an der Wahrheit; sie erträgt alles, sie glaubt alles, sie hofft alles, sie duldet alles.

Die Liebe hört niemals auf, wo doch das prophetische Reden aufhören wird und das Zungenreden aufhören wird und die Erkenntnis aufhören wird. Denn unser Wissen ist Stückwerk, und unser prophetisches Reden ist Stückwerk. Wenn aber kommen wird das Vollkommene, so wird das Stückwerk aufhören. Als ich ein Kind war, da redete ich wie ein Kind und dachte wie ein Kind und war klug wie ein Kind; als ich aber ein Mann wurde, tat ich ab, was kindlich war. Wir sehen jetzt durch einen Spiegel ein dunkles Bild; dann aber von Angesicht zu Angesicht. Jetzt erkenne ich stückweise; dann aber werde ich erkennen, wie ich erkannt bin.

Nun aber bleiben Glaube, Hoffnung, Liebe, diese drei; aber die Liebe ist die größte unter ihnen.

1. Korinther, Kapitel 13, 13

Nun aber bleiben Glaube, Hoffnung, Liebe, diese drei;
aber die Liebe ist die größte unter ihnen.

1. Korinther, Kapitel 13,13

„Liebe sie!"

Zwei Männer unterhalten sich über ihre Ehen.

„Ich mache mir wirklich Sorgen. Meine Frau und ich haben einfach nicht mehr die gleichen Gefühle füreinander wie früher. Ich glaube, ich liebe sie einfach nicht mehr, und sie mich auch nicht."

„Das Gefühl ist nicht mehr da?"

„Richtig! Und wir haben drei Kinder, um die wir uns sorgen. Kannst du mir einen Rat geben?"

„Liebe sie!"

„Aber ich sagte doch, das Gefühl ist einfach nicht mehr da!"

„Liebe sie!"

„Du verstehst nicht. Das Gefühl der Liebe ist einfach nicht mehr da."

„Dann liebe sie! Wenn das Gefühl nicht mehr da ist, dann ist das ein guter Grund, sie zu lieben."

„Aber wie liebt man denn, wenn man nicht liebt?"

„Liebe ist ein Verb, mein Freund. Liebe - das Gefühl – ist eine Frucht des Liebens, des Tuns. Also liebe sie. Diene ihr. Bringe Opfer. Höre ihr zu. Fühle mit ihr. Schätze sie. Bestätige sie. Bist du dazu bereit?"

Stephen R. Covey

Das wirklich Wichtige

„Trennung als Megatrend" überschrieb die Zeitschrift Focus (39/2003) eine Grafik, die zeigt, dass im Jahr 2001 die unglaubliche Zahl von 197.000 Ehen geschieden wurden (genau 197.498 nach Stat. Bundesamt), soviel wie nie zuvor. Es wurden in gleichem Jahr 389.591 Ehen geschlossen. Das heißt, jede zweite Ehe scheitert. In dem Focusartikel wird ausführlich berichtet mit welchen Folgen und finanziellen Schäden, ganz zu schweigen mit welchen emotionalen Schäden für die Eheleute und noch schlimmer für die Kinder. Die Scheidung wird zur Normalität, weil wir das Wichtigste nicht mehr als das Wichtigste sehen und behandeln.

„Mehr Zeit für die Familie" ist der häufigste Wunsch, den ich in meinen Seminaren zu hören bekomme.

Die äußeren Umstände täuschen uns dabei und lassen uns über das eigentliche Problem hinwegsehen:

Es ist eine Entscheidung!
Es ist Ihre Entscheidung!

Machen Sie das Wichtigste in Ihrem Leben wieder zu dem Wichtigsten, indem Sie sich die Zeit dafür nehmen und vor allem nehmen wollen.

„Es gibt keinen Erfolg im Geschäftsleben, der ein Versagen im privaten Bereich kompensieren könnte."

Kim B. Clark –
Dekan der Harvard Business School

Diese Erkenntnis reift leider bei den meisten Menschen erst aus der schmerzlichen Erfahrung heraus. Aber wir müssen nicht jede bittere Erfahrungen selbst sammeln. Denken Sie vorher gründlich nach und behandeln Sie Ihre Frau (Ihren Mann) ganz einfach wie Ihren besten Kunden. Meistens ist dadurch schon sehr viel gewonnen. Wenn die Behandlung noch besser ausfällt, umso besser.

Intensivierung des Lebensbereiches Familie

Wann haben Sie zuletzt...

- ein romantisches Wochenende mit Ihrem Lebenspartner verbracht?
- Ihren Lebenspartner verführt?
- einen Spieleabend mit der Familie gemacht?
- mit Ihren Kindern gesungen?
- eine Fahrradtour unternommen?
- ein Familienpicknick gemacht?
- die alten Zeichnungen Ihrer Kinder angesehen?
- ein wirklich gutes Gespräch mit viel Zeit in der Familie gehabt?
- Auszeit für die Familie genommen?
- eine Familienwanderung unternommen?
- über Ihre Familienvision (-mission) nachgedacht und wie sie diese leben wollen?
- mit Ihren Eltern gesprochen (und sei es in Gedanken an sie)?
- spontan einen Tag für die Familie frei genommen?

„Das Wichtigste ist, das Wichtigste auch das Wichtigste sein zu lassen."

Stephen R. Covey

„Es gibt keinen Erfolg im Geschäftsleben,
der ein Versagen im privaten Bereich kompensieren könnte."

Kim B. Clark

Der Wert der Familie

Die Wurzel der Menschheit ist die Familie.
Sie ist die Wiege der Menschheit.

Adolph Kolping

Der „störende" Großvater

Ein alter, tattriger Greis lebte mit seinem Sohn, seiner Schwiegertochter und seinem 4 Jahre alten Enkel in einem gemütlichen Häuschen.

Seine Hände zitterten bei jeder Bewegung, seine Augen waren Blut unterlaufen und seine Schritte waren unkontrolliert.
Leider machten diese Dinge dem alten Mann das Essen nicht leicht. Er verschüttete häufig und nicht wenig Essen, übersah vieles. Erbsen rollten von seiner Gabel auf den Boden.
Wenn er aus dem Becher trank, tropfte oft Milch auf die Tischdecke.

Der Sohn und die Schwiegertochter wussten nicht mehr, was sie mit ihm anstellen sollten.
„Wir müssen etwas mit Großvater machen. Ich habe genug von dem Milch-Verschütten und dem Essen auf dem Boden." sagte der Sohn. So setzten sie den Großvater an einen kleinen Tisch in die Ecke.
Nun aß der Großvater ganz alleine, während die ganze Familie mit Freude aß.

Nachdem Großvater ein oder zwei Schalen zerbrochen hatte, bekam er eine Holz-Schale.
Häufig schwabbte die Freude der Familie zum Großva-ter über und man konnte eine Träne in seinem Auge sehen, weil er abseits davon saß.
Die einzigen Worte, die mit ihm geredet wurden, waren, wenn er eine Gabel oder einen Löffel fallen ließ.
Der 4 Jahre alte Enkel beobachtete dies in aller Ruhe.
Eines abends, kurz vor dem Essen, sah der Sohn, dass der Enkel mit Holzstücken auf dem Boden spielte.
Er fragte sein Kind mit süßer Stimme: „Was machst du da?" Genauso süß antwortete der Enkel: „Oh, ich mache eine Schale für dich und Mama zum Essen, wenn ich groß geworden bin."
Der 4-Jährige lächelte und machte mit seiner Arbeit weiter.

Diese Worte trafen die beiden so hart, dass sie sprachlos waren. Die Tränen kullerten ihnen die Wangen herunter.
Es wurde kein Wort gesprochen und beide wussten, was zu tun war.
Diesen Abend nahm der Sohn seinen Großvater an die Hand und geleitete ihn zum Familientisch zurück. Von nun an aß der Großvater jedes Essen mit der Familie mit.
Seit dieser Zeit kümmerten sich weder der Sohn noch seine Frau um herunter gefallende Gabeln, Löffel, verschüttete Milch oder Essen auf dem Boden.

Wenn Sie Ihre Frau so behandeln wie Ihren besten Kunden,
dann haben Sie eine glückliche Frau.
Und wenn Ihre Frau glücklich ist,
dann sind auch Ihre Kinder glücklich.
Und Sie haben eine glückliche Familie.
Karl Pilsl

Freunde
(Der Weg von Körper und Herz)

Menschen sind das Wertvollste in unserem Leben. Stellen wir uns doch nur vor, wie es wäre auf dieser Welt – allein.

Mit dem Lebensbereich „Freunde" sind alle Interaktionen in unserem sozialen Umfeld gemeint, bis auf unsere Familie, die den eben beschriebenen Lebensbereich ausfüllt.

Menschen in unserem Umfeld, Menschen, die wir kennen, mit denen wir arbeiten oder unsere Hobbys teilen. Menschen, mit denen wir gerne etwas unternehmen oder mit denen wir uns gerne unterhalten. Menschen, die wir um Rat fragen und Menschen, mit denen wir Spaß haben. Menschen, mit denen wir einen schönen Abend bei einem Essen genießen und Menschen, die wir unsere Freunde nennen.

Entwickle Interesse am Leben, wie es sich dir präsentiert; an Menschen, Dingen, Literatur, Musik – die Welt ist so reich, sie pulsiert förmlich vor großen Schätzen, schönen Seelen und interessanten Leuten.

Henry Miller

Der Weg von Körper und Herz macht unsere Gefühle erlebbar. Dies können wir am besten mit anderen Menschen.

Die Warnlampen des „fehlenden" Lebensbereiches Freunde (soziales Netzwerk):

- Fehlende Lust, Freunde zu treffen
- Schwindende Freundschaften
- Oberflächliche Kontakte
- Meist nur Bekanntschaften mit Menschen, die einen beruflichen Hintergrund haben
- Lange nicht mehr die wirklichen „alten" Freunde gesehen

- Wenig Freude an Menschen
- Unzufriedenheit
- Unausgeglichenheit
- Fehlende Heiterkeit
- Zunehmend Probleme im Umgang mit Menschen (beruflich und privat)
- Ungenießbarkeit für andere Menschen
- Gefühle der Traurigkeit (über fehlenden Kontakt)
- Sehnsucht nach guten Beziehungen zu Menschen

Intensivierung des Lebensbereiches Freunde

Wann haben Sie zuletzt...

- einen ganzen Tag nur Gutes über Menschen gesprochen?
- einem anderen Menschen nur zugehört?
- mit ihrem besten Freund einen Abend verbracht?
- einen Menschen gelobt?
- eine andere Meinung respektiert?
- zuerst verstehen wollen, bevor sie verstanden werden wollten?
- eine ärgerliche Situation mit Gelassenheit aufgelöst?
- einem Menschen durch ein spontanes Geschenk eine Freude gemacht?
- einen ganzen Tag nicht gewertet und beurteilt?

Über den Umgang mit Menschen

Ein spannendes Kapitel zur Erreichung unserer eigenen LebensBalance ist der richtige Umgang mit Menschen, sowohl mit mir selbst, als auch mit anderen Menschen aus meinem sozialen Umfeld und Menschen denen wir ganz einfach „nur" begegnen. Wie weit Sie in Ihrer eigenen Lebensphilosophie gehen, ist eine persönliche Entscheidung. Als hilfreiche These empfinde ich, dass wir nie vor ein Problem gestellt werden, das wir nicht lösen können – wir müssen nur das Problem richtig verstehen.

Ebenso begegnen wir einzelnen wie auch mehreren Menschen aus einem bestimmten Grund gleich mehrmals im Leben.

Behandle die Menschen auf Deinem Weg nach oben daher gut, denn Du könntest Ihnen auf dem Weg nach unten wieder begegnen.

Über die Eigenschaften und Eigenarten von Menschen hatte sich bereits Hippokrates Gedanken gemacht und schuf den Begriff Temperament, abgeleitet von dem lateinischen Wort temperare (richtig mischen). Hippokrates ging davon aus, dass der individuelle Ablauf von seelischen Vorgängen ein Ergebnis der Mischung von vier Körpersäften ist. Von diesen Körpersäften leiten sich dann die verschiedenen Temperamente ab, die ich in meinem Buch Charisma bereits beschrieben habe und auf die ich hier im Sinne der LebensBalance noch einmal eingehen möchte.

Körpersäfte nach Hippokrates:

Blut (sanguis):	Sanguiniker
Schleim (phlegma):	Phlegmatiker
Schwarze Galle (melas cholos):	Melancholiker
Gelbe Galle (cholos):	Choleriker

Um diese Temperamente besser beschreiben zu können, sind zwei Fragen wichtig:

- **Wie sehen wir uns selbst?**
- **Wie sehen wir andere Menschen?**

Bei der Betrachtung von uns selbst stellt sich die Frage, ob wir uns selbst annehmen und prinzipiell in Ordnung finden („Ich bin ok!"), oder ob wir mit uns selbst ein Problem haben (oft unbewusst) und uns selbst ablehnen („Ich bin nicht ok!"). In der Grafik (Seite 93) wird dies mit der eigenen Stärke oder Schwäche beschrieben.

Die zweite Frage führt zu unserer Einstellung gegenüber anderen Menschen. Stehen wir anderen feindselig oder freundlich gegenüber? Diese Frage wird sicher oft verwundert abgetan mit dem Hinweis, dass hängt doch ganz von dem Menschen ab. Das ist aber nur bedingt richtig, denn es gibt eine Grundeinstellung und eine Prägung, in dem Anderen zuerst immer das Beste zu sehen, oder eher misstrauisch das Schlechte zu vermuten.

Aus diesen beiden Grundeinstellungen ergeben sich Verhaltensmuster für das eigene Spiel des Lebens. Diese alten Grundmuster werden auch in der modernen Literatur dargestellt. So wurden in die Grafik meine Interpretationen der Werke von Stephen R. Covey (Die sieben Wege zur Effektivität) und von Dudley Lynch/ Paul Kordis (DelphinStrategien) integriert.

Für Covey ist die Strategie Win/Win, die sich bereits in unserem deutschen Sprachgebrauch etabliert hat, von großer Bedeutung. Zwei Menschen sollten demnach stets nach Lösungen suchen, bei der beide Gewinner sind.

Freundschaft verzaubert,
sie macht gute Zeiten noch besser
und lässt uns die schlechten vergessen.

Maeve Binchy

Lynch und Kordis beschreiben diese Strategie als die Strategie des Delphins, der für ein neues Denken sorgt und somit einen Durchbruch durch alte Gedankenmuster bewirkt. Die beiden Autoren teilen demnach die Menschen nach den Verhaltensmustern von vier Fisch-Typen ein.

Die **Delphine** spielen intelligent, sie lernen schnell und suchen die Kooperation. Für sie gilt das Lebensprinzip Freude durch Nutzen, den wir anderen bieten. Auf diese Weise folgen sie der heimlichen Ahnung, dass es im Leben nicht um Grenzen geht, sondern genug für alle da ist, wenn man im Überfluss denkt (in Lösungen) und versucht den „Teich" permanent zu vergrößern, anstatt im Mangel zu denken und das Wenige eines kleinen „Teiches" aufteilen zu müssen. Delphine spielen gerne WIN/WIN. Sie bringen die Welt nach vorne und nutzen die Schöpfungskraft, um Neues entstehen zu lassen. Damit ist das Leben für sie kein Nullsummenspiel, sondern dazu gedacht, die Summe zu vergrößern.

Die **Haie** hingegen sind begrenzt in Ihrer Lebensauffassung. Sie glauben nur, was sie sehen und das ist begrenzt. Demzufolge leiten sie die Strategie des „fressen und gefressen werden" ab. Sie denken im Mangel und versuchen durch ihrer eigene Stärke und die Schwäche der anderen zu überleben. Für Haie ist das Leben ein Nullsummenspiel. Der eine gewinnt und der andere verliert. Für den Hai ist die WIN/LOOSE Strategie die einzig bevorzugte Strategie, nach der sie spielen und permanent versuchen zu gewinnen. Dies führt zu Aggression, Feindschaft bis hin zum Krieg.
Durch das egoistische Verhalten wird die Schöpfungskraft nicht genutzt und es kommt zur aktiven Zerstörung – letztlich auch zu der eigenen.

Die **Karpfen** sind die Opfer der Haie. Oft sind die Haie nicht einmal stärker als sie, durch ihre eigene Schwäche verleihen die Karpfen jedoch ihrem Umfeld Stärke über sich. Sie spielen LOOSE/LOOSE. Ihnen fehlen nicht nur Ideen, sondern vor allem die positive Lebenseinstellung, wirklich einen guten Beitrag leisten zu können, indem die eigene Lebensvision mit Leben gefüllt wird, ganz gleich wie klein diese von außen betrachtet aussehen mag.

Die **PEKs** (pseudo-erleuchteten-Karpfen) verleihen sich gerne selbst einen Heiligenschein, indem sie aus der Welt fliehen. Sie tragen dadurch nicht zur Weiterentwicklung bei, sondern ziehen sich durchaus egoistisch zurück . Ein Teil der esoterischen Bewegung geht auf PEKs zurück. PEKs wünschen viel und handeln wenig. Auch haben sie keine klaren Ziele, sondern übergeben die „übergeordneten" Ziele gerne einer höheren Instanz nicht von dieser Welt – eine falsch verstandene Spiritualität, denn wir haben ja einen Geist bekommen, um ihn zu nutzen.

	Feindseligkeit	**Freundlichkeit**
Stärke	Win/Loose **- Hai -** **Choleriker** Ich bin okay und Du bist nicht okay!	Win/Win **- Delphin -** **Sanguiniker** Ich bin okay und Du bist okay!
Schwäche	Loose/Loose **- Karpfen -** **Melancholiker** Ich bin nicht okay und Du bist nicht okay!	Loose/Win **- PEK -** **Phlegmatiker** Ich bin nicht okay und Du bist okay!

ICH

DU

Inspirationen zum „Umgang mit Menschen"

- Jeder Mensch ist klug, solange, bis er dich vom Gegenteil überzeugt.

- Jeder Mensch ist gutartig, solange, bis er dich vom Gegenteil überzeugt.

- Menschen denken oft an ihren eigenen Nutzen zuerst.

- Hüte dich vor bösartigen Menschen.

- Hüte dich besonders vor bösartigen und intelligenten Menschen.

- Freundschaft geht vor Verwandtschaft.

- Falle anderen nicht ins Wort.

- Höre mehr zu.

- Pflege gute Umgangsformen.

- Gib rechtzeitig Bescheid, ob du eine Einladung annimmst.

- Traue dem ersten Eindruck. Aber sei bereit ihn zu revidieren.

- Versetze dich vor jedem Gespräch in dein Gegenüber.

- Betrachte strittige Dinge auch vom Standpunkt deines Gegners.

- Denk an den Geburtstag dir wichtiger Menschen.

- Mache anderen öfter eine Freude.

- Freunde kommen und gehen, Feinde bleiben in der Regel treu.

- Befriste jede Hilfe zeitlich, sonst machst du abhängig.

- Wer hilft, wo fördern reicht, schadet.

- Versuche zuerst zu verstehen, bevor du verstanden werden willst.

- Gib Geliehenes rechtzeitig zurück.

- Baue dem fliehenden Feind bequeme Einwegbrücken.

- Weißt Du nichts Gutes über einen Menschen zu sagen, dann schweige.

- Bücher sind ein gutes Thema, um Menschen kennen zu lernen. (Frage nach den Lieblingsbüchern, so bekommst du eine gute Buchempfehlung und ein gutes Gespräch).

- Trete für deine Werte ein.

- Bei rhetorisch guten Menschen, achte besonders auf die Inhalte.

- Beurteile Menschen nach ihren Taten, nicht nach ihren Worten.

- Zwinge niemandem deine Erfahrungen auf.

- Drei Menschen können selten ein Geheimnis bewahren.

- Sei zuverlässig. Lieber nein sagen als etwas nicht zu halten.

- Mache Termine an Orten, wo das Warten Spaß macht.

- Willst du mehr über dich erfahren, höre auf deinen ärgsten Feind und deinen besten Freund.

- Sei freundlich am Telefon. Lächle und melde dich mit einem Gruß, Vor- und Zunamen.

- Spreche Menschen mit ihrem Namen an.

- Sei freundlich zu Putzfrauen, Müllmännern, Beamten, Busfahrern und Kassiererinnen.

- Mache deinen Gastgebern möglichst wenig Arbeit.

- Rede mit Menschen über Dinge, die sie interessieren.

Wer kein Lächeln mehr für dich übrig hat,
braucht deines um so nötiger.

- Sei achtsam.

- Sei vorsichtig mit Empfehlungen. Empfehle nur etwas, von dem du hundertprozentig überzeugt bist.

- Belohnungssysteme bringen mehr als Bestrafungssysteme.

- Wirkliche Freunde erkennst du bei deinen großen Erfolgen.

- Lerne von den Erfahrungen anderer – sie sind kostbar.

- Wer kein Lächeln mehr für dich übrig hat, braucht deines um so nötiger.

- Wehre dich gegen Unverschämtheiten.

- Eine starke Behauptung ist noch lange kein guter Beweis.

- Verschicke Weihnachts- und Neujahrsgrüße.

- Wer nachträgt, trägt schwer im Leben.

- Die Körpersprache lügt viel weniger als das gesprochene Wort.

- Jeder kann gut erziehen, wenn es um andere Kinder geht.

- Die richtige Erziehung ist eine der schwersten Aufgaben.

- Sei ehrlich mit Menschen.

- Versuche auch die Wahrheit freundlich zu sagen.

- Suche Freunde, die deine Kinder sein könnten, dann bleibst du jung.

- Suche Freunde, die deine Eltern sein können, dann lernst du viel.

- Bevor du andere kritisierst, prüfe lieber dich selbst.

- Alle Menschen haben Sehnsucht.

- Alle Menschen lieben den Frieden.

- Wer Werte vorlebt, ist würdig.

- Wer Liebe vorlebt, ist liebenswürdig.

- Sei pünktlich.

- Lob ist für die Ohren aller bestimmt, Tadel nur für die eines einzigen.

- Führung ist Dienstleistung.

- Kontrolliere weniger, führe mehr.

- Der Unterschied zwischen einem Mann und einem Jungen ist der Preis seiner Spielzeuge.

- Lass dich nicht in anderer Menschen Streitigkeiten hineinziehen.

- Warte nicht auf Menschen, die zu spät kommen, – fang an.

- Sage unangemeldeten Gästen, wenn sie ungelegen kommen.

- Lass dich nicht provozieren, schon gar nicht beim Autofahren.

- Lebenskunst besteht auch darin, mit Menschen auszukommen, die du nicht magst.

- Urteile weniger – glaube mehr.

- Ehe du anfängst deine Feinde zu lieben, solltest du anfangen deine Freunde besser zu behandeln.

- Ehe du deine Mitarbeiter motivierst, höre auf, sie zu demotivieren.

- Für eine Freundschaft ist Lachen kein schlechter Anfang.

- Rücksichtslosigkeit – eine häufige Form der praktizierten Dummheit.

- Höflichkeit – eine seltene Form der praktizierten Klugheit.

Ehe du anfängst deine Feinde zu lieben,
solltest du anfangen deine Freunde besser zu behandeln.

Man kann es nicht allen recht machen

Ein Märchen der Gebrüder GRIMM:

Weit weg von den Menschen lebte ein Vater mit seinem Sohn. Als der Sohn größer wurde, hatte er einen Wunsch. „Ich möchte mich in der Welt umsehen und hören, was andere Menschen so meinen", sprach er zu seinem Vater. Dieser schüttelte den Kopf. „Wünsch dir das nicht, mein Sohn, jeder sagt nämlich etwas anderes. Was du auch tust, nie kannst du es allen recht machen." „Das glaube ich nicht". Der Bub gab nicht eher Ruhe, bis sich der Vater mit ihm aufmachte.

So zogen sie in die Welt hinaus. Der Vater schritt voran, sein Sohn ging neben ihm, und am Halfter trabte der Esel. So begegnete ihnen ein Bauer, der sprach: „Warum lasst ihr den Esel müßig gehen? Er kann doch einen von euch tragen." Da rief der Sohn guter Dinge: „Der Mann hat Recht! Vater steig auf!".

Gesagt, getan. Der Vater setzte sich auf den Esel, und der Sohn lief nebenher, bis sie auf zwei Wanderer trafen. Einer der Wanderburschen stieß seinen Kumpel in die Rippen und sagte: „Es ist eine Unverschämtheit, dass der Vater reitet und den Jungen zu Fuß gehen lässt." Sie schüttelten den Kopf und zogen ihres Weges. Vater und Sohn schauten sich an und tauschten die Rollen. Der Sohn ritt auf dem Esel voraus, und der alte Mann lief zu Fuß hinterher.

Bald trafen sie eine Frau, die im Wald Holz gesammelt hatte. Sie sah die beiden und schimpfte: „Es ist eine Schande, dass der Vater zu Fuß geht, während das feine Söhnchen reitet." Kopfschüttelnd zog sie weiter. Der Sohn schämte sich und meinte zum Vater: „Die Frau hat Recht. Setze dich zu mir auf den Esel, Vater."

Gemeinsam ritten sie weiter, bis ihnen die Kutsche eines feinen Herrn entgegenkam. Sie plauderten über Handel und Wandel miteinander. Beim Abschied sprach der vornehme Herr: „Der treue Esel wird bald eingehen, wenn er die schwere Last von zwei Personen weiterhin schleppen muss." So beschlossen sie, das Tier gemeinsam zu tragen. Sie banden ihm ein breites Leinenband um seinen Leib, steckten eine Stange hindurch und hoben sich jeder ein Ende auf die Schulter.

Ein paar Stunden hatten sie den Esel geschleppt, als sie an ein Wirtshaus kamen. Davor saßen fröhliche Leute. Einer schrie: „Seht die Dummköpfe dort! Die tragen ihren Esel, anstatt auf ihm zu reiten!" Alle lachten. „Wenn die beiden schon nicht reiten wollen, warum führen sie den Esel denn nicht am Halfter hinter sich her?" „Warum tun wir nicht, was die Leute sagen?" fragte der Sohn. „Weil wir so von zuhause losgezogen sind", antwortete der Vater. „Um es allen recht zu machen, bin ich geritten, bist du und sind wir beide geritten. Wir haben den Esel sogar getragen." „Kann man es denn keinem Menschen recht machen?" fragte der Junge. „Nein, das kann man nicht, mein Sohn, wie du ja selbst gesehen hast", sprach der weise Vater. Beide waren froh und glücklich, als sie abends wieder friedlich in ihrer gemütlichen Hütte saßen.

Everybodys Darling is everybodys Depp.
Franz Josef Strauß

Vorurteile

Das Denken ist schwer,
deshalb urteilen die meisten Menschen.

C. G. Jung

Auch ein Vorurteil ist ein Urteil, das von Menschen gefällt wird. Allerdings fällt dies kein Gericht, auch ist es nicht gerecht. Vorurteile basieren auf Gerüchten, Halbwahrheiten und vor allem auf Wertungen.

Wir alle haben schon solche Krähen kennen gelernt, die nur das Schlechte sehen wollen. Manchmal ist es so, dass Menschen immer nur das Schlechte sehen wollen, um von ihrer eigenen Schlechtigkeit abzulenken. Sie verwenden nicht ihre Energie darauf, sich mit ihren eigenen „Fehlern" zu beschäftigen. Dadurch könnten sie selbst besser werden. Aber weil dies immer ein schmerzhafter und unangenehmer Prozess ist, ziehen sie es vor, diese Arbeit bei anderen leisten zu wollen. Dadurch entstehen Vorurteile. Menschen werden verurteilt. Oft ist etwas daran, wenn wir den anderen Menschen verurteilen, aber es ist weder für den anderen, noch für uns selbst hilfreich. Die Realität eines anderen Menschen mag eine ganz andere sein und seine Aufgaben ebenso. Für ihn ist gerade ein anderer Veränderungsprozess von Bedeutung. Wir erkennen nicht die Realität des anderen Menschen.

Vorurteile entstehen häufig auch, indem wir werten und Menschen bewerten. Nicht nur, dass sich die Krähe auf das scheinbar Hässliche am Pfau konzentriert, sie wertet auch die Füße als hässlich. Gerade Formulierungen wie schön und hässlich haben immer mit dem subjektiven Geschmack zu tun. Daher kommt auch der Rat, über Kunst nicht zu streiten. Da wir aber in einer so schönheitskritischen Welt leben, in der die Menschen sich auf das Kritisieren, Bewerten und Vorverurteilen konzentrieren, ist es kaum verwunderlich, dass diese Welt nicht besser wird. Ganz im Gegenteil, indem wir uns auf das Schlechte konzentrieren, wird sie schlechter.

Ein weiterer Grund für Vorurteile sind Verallgemeinerungen. Indem wir eine durchaus persönlich gemachte Erfahrung auf andere Menschen übertragen, sind wir wertend und ungerecht gegenüber diesen Menschen, denn sie können ganz anders sein als der Mensch, mit dem wir die Erfahrungen gemacht haben. Wir handeln durch Verallgemeinerungen ungerecht.

Kriege und Feindschaften rühren daher. Die einzige Kraft, die diesen Mechanismus durchbrechen kann, ist die Liebe. Wie bereits die Bibel weiter vorne zitiert wurde: „Liebe... rechnet das Böse nicht zu"

7,3 Was siehst du aber den Splitter in deines Bruders Auge und nimmst nicht wahr den Balken in deinem Auge?

7,4 Oder wie kannst du sagen zu deinem Bruder: Halt, ich will dir den Splitter aus deinem Auge ziehen, und siehe, ein Balken ist in deinem Auge.

7,5 Du Heuchler, zieh zuerst den Balken aus deinem Auge; danach sieh zu, wie du den Splitter aus deines Bruders Auge ziehst.

Matthäus-Evangelium

Was diese weisen Verse ansprechen, ist ein Phänomen, das die Psychologie Gegenübertragung nennt. Menschen kritisieren das an dem anderen, was bei ihnen selbst im argen ist – meistens mit einer immensen Energie und Leidenschaft.

Beherzigen wir also diese Verse, dann hören wir mit dem Werten auf und halten uns fern von Verallgemeinerungen.

**Tun Sie es einmal –
und dann machen Sie es zur Ihrer Gewohnheit.**

Von der Krähe und dem Pfau

Im Park des Palastes ließ sich eine schwarze Krähe auf den Ästen eines Orangenbaumes nieder. Auf dem gepflegten Rasen stolzierte ein Pfau. Die Krähe krächzte: „Wie kann man überhaupt einem solch merkwürdigen Vogel gestatten, diesen Park zu betreten. Er schreitet so arrogant, als wäre er der Sultan persönlich, und dabei hat er doch ausgesprochen hässliche Füße. Und sein Gefieder, in was für einem hässlichen Blau! Eine solche Farbe würde ich nie tragen. Seinen Schweif zieht er hinter sich her, als wäre er ein Fuchs." Die Krähe hielt inne und schwieg abwartend. Der Pfau sagte eine Zeit lang gar nichts, dann begann er wehmütig lächelnd: „Ich glaube, deine Aussagen entsprechen nicht der Wirklichkeit. Was du an Schlechtem über mich sagst, beruht auf Missverständnissen. Du sagst, ich sei arrogant, weil ich meinen Kopf aufrecht trage, so dass meine Schulterfedern sich sträuben und ein Doppelkinn meinen Hals verunziert. In Wirklichkeit bin ich alles andere als arrogant. Ich kenne meine Hässlichkeiten, und ich weiß, dass meine Füße ledern und faltig sind. Gerade dies macht mir so viel Kummer, dass ich meinen Kopf hoch trage, um meine hässlichen Füße nicht zu sehen. Du siehst nur meine Hässlichkeiten. Vor meinen Vorzügen und meiner Schönheit verschließt du die Augen. Ist dir das nicht schon aufgefallen? Was du hässlich nennst, bewundern die Menschen an mir."

(Nach P. Ehtesami, persische Dichterin, übersetzt und bearbeitet von Nossrat Peseschkian)

Fitness
(Der Weg unseres Körpers)

Mens sana in corpore sano

Ein gesunder Geist in einem gesunden Körper.

Dieser lateinische Sinnspruch, der auch in der Eingangshalle meiner Schule in großen Buchstaben eingemeißelt war , bringt LebensBalance bereits aus der römischen Sicht auf den Punkt. Und wie ich in der Einleitung bereits geschrieben habe, werden gerade diese beiden zentralen Bereiche unseres Menschseins heutzutage stark vernachlässigt.

Ein gesunder Körper ist in der Regel die Voraussetzung dafür, unseren Geist voll entfalten zu können. Um so schlimmer ist es, dass Menschen ihren Körper vernachlässigen und sich dann wundern, dass es nicht zu dem gewünschten Erfolg in anderen Lebensbereichen kommt. Ich spreche hier nicht von Menschen, die mit Krankheiten geboren wurden und es schaffen sich gut in dieser Welt zurechtzufinden. Dies ist eine ungewöhnlich große Leistung, bei der sich der Geist trotz und gerade wegen der Hindernisse weiterentwickelt. Ich meine hier die vielen kleinen Sünden gegen unseren Körper - jeden Tag. Man ist versucht zu glauben, die Menschen hassen ihren Körper.

Die Warnlampen des „fehlenden" Lebensbereiches Fitness (Sport):

- Geringer werdende Belastbarkeit
- Müdigkeit
- Fehlende LebensEnergie
- Übergewicht
- Atemnot (zum Beispiel beim Treppensteigen)
- Konzentrationsmangel
- Krankheiten (körperlich - somatisch)
- Krankheiten (psychisch - psychosomatisch)
- Schmerzen
- Schlafstörungen
- Essstörungen
- Verdauungsprobleme
- Fehlendes Selbstbewusstsein
- Unzufriedenheit
- Alltägliche Unausgeglichenheit
- Stress
- Gelenkschmerzen
- Verspannungen

Gesundheit ist gewiss nicht alles,
aber ohne Gesundheit ist alles nichts.
Arthur Schopenhauer

Gesundheit und LebensBalance

Gesundheit ist wohl die wichtigste Vorraussetzung für ein Leben in Balance. Viele Menschen „wissen" das zwar, aber handeln überhaupt nicht danach, denn sie „merken" es nicht. Unser Körper hat uns in der Regel viel mehr Gesundheit für unser Leben mitgegeben, als wir im Alltag brauchen. Aus diesem Grund verstoßen wir ja auch so munter gegen die Gesetzmäßigkeiten unseres Körpers, gegen die einfachen Spielregeln, die uns dabei helfen wollen, ein Leben in Gesundheit zu leben. Wohl kaum in einer anderen Zeit haben Menschen ihre Gesundheit so mit Füßen getreten, wie wir dies heutzutage tun – und das in einer aufgeklärten zivilisierten Gesellschaft.

Menschen

■ rauchen

■ saufen

■ nehmen andere Drogen

■ trinken zu viel Kaffee

■ schlafen zu wenig

■ haben zu viel Stress

■ kommen nicht zur Ruhe

■ sitzen den ganzen Tag

■ bewegen sich viel zu wenig

■ bewegen sich falsch

■ gehen zu wenig spazieren

■ essen zu viel

■ essen zu schnell

■ essen viel Zucker und Fett

■ essen zu viel Fleisch

■ essen wenig Ballaststoffe

■ essen zu wenig Obst, Gemüse und Vitamine

■ trinken zu wenig (alkoholfrei!)

■ infizieren ihren Körper mit Pilzen (ohne diese zu behandeln)

■ infizieren ihre Gedanken mit Müll

■ atmen zu flach

■ atmen nicht bewusst

■ vergiften ihr Essen

■ vergiften ihr Trinken

■ vergiften ihre Luft

■ sind permanent elektromagnetischer Strahlung ausgesetzt.

■ sind abhängig von Stoffen und Tätigkeiten, die ihre Gesundheit gefährden

In der einen Hälfte des Lebens opfern wir unsere Gesundheit,
um Geld zu erwerben.
In der anderen Hälfte opfern wir Geld,
um die Gesundheit wieder zu erlangen.

Voltaire

Fünf Minuten Brainstorming und die Vorstellung von manchen Alltagssituationen im Leben eines „zivilisierten" Menschen reichten mir aus, um diese Liste ohne viel Phantasie zu erstellen. Sie müssen sich ja nur einmal vorstellen, wie es aussieht, wenn Sie an einer Tankstelle bezahlen. Was steht da alles um Sie herum?

- Alkohol
- Zigaretten
- Süßigkeiten und
- geistiger Müll.

All das auf Millionen von Quadratmetern in unserem Land!
Oder schauen Sie mal bei einem Restaurant der Fastfoodketten vorbei. In der Regel müssen Sie Schlange stehen, um „schnell" Ihr Essen zu bekommen.

Und das jeden Tag!

Wir haben gelernt, schneller zu schlafen, nebenbei zu essen, und viel produktiver zu arbeiten. Aber wir haben verlernt, in Balance zu leben.

Die dahinter stehende LebensStrategie, dass dies eben der Preis des Erfolgs sei, ist gefährlich. Der Gedanke „später zu leben" oder „später wird alles besser" ist wohl einer der gefährlichsten Gedanken und kostet jedes Jahr vielen tausend Menschen das Leben.

Dabei ist es eigentlich ganz einfach!

Sie müssen nur all die Dinge lassen, die ich in meiner kurzen Liste angesprochen habe. Damit würden Sie mehr für Ihre Gesundheit tun, als es der gesamte medizinische Fortschritt der letzten hundert Jahre zu tun im Stande war.

Aber es ist ja so einfach: Arzt hilf!

Am besten wir geben die Verantwortung ab, verstoßen jeden Tag gegen die Gesetzmäßigkeiten unseres Körpers und dann, wenn wir krank werden, gehen wir zum Arzt und wollen eine Pille, die uns möglichst schnell wieder gesund und fit macht. Wenn das nicht funktioniert, ist eben der Arzt schuld.

Eine sehr gefährliche, oft sogar tödliche Strategie.

Wir haben gelernt, schneller zu schlafen, nebenbei zu essen, und viel produktiver zu arbeiten. Aber wir haben verlernt, in Balance zu leben.

Ärzte

Nun ja, als einer von ihnen kann ich mir an dieser Stelle einen Kommentar erlauben.

Zum einen, weil es mir nach wie vor ein großes Anliegen ist, die Menschen gesund zu sehen und zusätzlich mich dafür einzusetzen, dass auch die Ärzte gesund werden.

Wie will ein kranker Arzt heilen? Oft müsste man sagen: „Hilf dir selbst, kranker Arzt."

Und Heilung braucht es sehr viel auf dieser Welt. Ich wünsche mir gesunde und glückliche Ärzte, die Menschen dazu motivieren, gesund zu bleiben und voll LebensEnergie glücklich in Balance zu leben.

Wer stark, gesund und jung bleiben und seine Lebenszeit verlängern will, der sei mäßig in allem, atme reine Luft, treibe täglich Hautpflege und Körperübungen, halte den Kopf kalt und die Füße warm und heile ein kleines Weh eher durch Fasten als durch Arzneien.

Hippokrates

Bei vielen Ärzten kann übrigens genau das gleiche Phänomen festgestellt werden wie bei allen anderen Menschen (kein Wunder); sie versuchen alles durch Wissenschaft und Forschung zu begründen und zu lösen und weniger durch den natürlichen und gesunden Menschenverstand. Dabei geht die ganzheitliche Sichtweise verloren, und dem Patienten ist oft nicht geholfen. Es geht beim Heilen eigentlich nicht darum, für jede Beschwerde ein Medikament oder eine Operation anzubieten. Es geht darum, den Menschen in seiner Gesamtheit zu sehen und alles daranzusetzen, ihn langfristig gesund zu machen. Der angesprochene Lebenswandel ist ein großer Teil davon.

Aber wie wollen Ärzte auf Verständnis hoffen, wenn sie selbst

- zu wenig schlafen
- sich falsch ernähren
- sich zu wenig bewegen
- sehr viel Stress haben
- viel Alkohol trinken
- Rauchen und
- Drogen nehmen

Außerdem sollten Sie wissen, dass Ärzte damit ihr Geld verdienen, Kranke zu behandeln und nicht, Gesunde noch gesünder zu machen. Das führt dazu, dass es immer noch viel zu wenig präventive (vorbeugende) Medizin gibt. Abgesehen davon, dass wir ein völlig falsches Gesundheitssystem haben, in dem Präventivmedizin gar nicht oder schlecht bezahlt wird.

Wir werden uns daher auch weiterhin damit beschäftigen, auf dem Boden Wasser aufzuwischen, ohne auf die Idee zu kommen, oben den Wasserhahn zuzudrehen (und der Wasserstrahl wird immer stärker).

So wünsche ich mir viel mehr LebensBalance für Ärzte, denn ich weiß, dass fast alle mit großem Idealismus angefangen haben, der dann meistens auf dem Weg im Dienst verloren geht. Eine Ursache hierfür ist auch die fehlende LebensBalance.

Für die Patienten bedeutet dies einen Wertewandel hin zu wesentlich mehr Eigenverantwortung. Das meine ich in erster Linie nicht finanziell, sondern bezogen auf das Verhalten eines jeden einzelnen. Denn es ist doch erstaunlich, dass die Menschen in der Regel der Wartung und Pflege ihres Autos wesentlich mehr Bedeutung beimessen als der Pflege ihres Körpers.

Die Heilung eines Teils sollte nicht versucht werden, ohne das Ganze zu behandeln.
Versuche nicht, den Körper ohne die Seele zu heilen; und wenn Kopf und Körper gesund sein sollen, musst du damit beginnen, den Geist zu heilen, denn dies ist der größte Irrtum unserer Zeit bei der Behandlung des menschlichen Körpers, dass die Ärzte zuerst die Seele vom Körper trennen.

Plato

Ernährung

Hören Sie auf Ihren Körper !

Bevor ich Ihnen Tipps für ein gesünderes Leben gebe, meine Bitte vorab:

Reduzieren Sie alles, was Ihnen schadet. Wir wissen genau, was uns nicht gut tut, und wir haben eine Vielzahl von Ausreden. Von manchem sind wir abhängig, manches meinen wir zu genießen und dabei übersehen wir, wie sehr wir unter den Folgen leiden.

Wir haben in unserem Land ca. 30 Millionen übergewichtige Menschen, und ich selbst habe erfahren, wie es ist, einige Kilogramm zu viel zu haben. Wir meinen, wir hätten durch das Essen einen Genuss, oder wir müssten uns nicht darum kümmern. Plötzlich finden wir uns an einem Strand wieder und ziehen es vor, ein T-Shirt zu tragen, weil uns unsere Körperform nicht gefällt. Unser Selbstbewusstsein schwindet nach dem scheinbaren Genuss einer falschen Ernährung. Hören Sie damit auf und Ihre Pfunde schmelzen dahin, Kilo für Kilo.

Je nach Arbeit liegt der durchschnittliche Kalorienverbrauch zwischen 1800 und 3000 kcal pro Tag, abhängig von unserem Gewicht, Geschlecht und körperlicher Aktivität. Wissen Sie zufällig wieviel Kalorien Sie bei einem Maxi-Menü einer namhaften Fastfoodkette zu sich nehmen?

Ca. 1300 kcal, und wenn Sie noch ein großes Eis dazu bestellen, haben Sie Ihren Tagesbedarf in einer Tüte. Da Sie aber in der Regel gefrühstückt haben, kleine Snacks zwischendurch genossen haben und dies nur eine von zwei großen Mahlzeiten war, können Sie sich gut vorstellen wohin die restlichen Kalorien wandern: Auf Ihre Hüfte und andere „Orte".

An dieser Stelle will ich kein neuer Gesundheitsratgeber sein, deshalb empfehle ich die Werke von Dr. Michael Spitzbart im Literaturverzeichnis. Insgesamt gibt es soviel verschiedene Meinungen, dass Sie für jeden gesundheitsrelevanten Rat auch die genau gegenteilige Meinung lesen können.

Stellen Sie sich auf die Waage und arbeiten Sie ruhig mit der guten alten Broca-Formel (Ihre Größe über 100 cm) als Standardgewicht. Für das Idealgewicht ziehen Sie dann noch mal 10% ab. Sicher gibt es viel genauere Methoden, aber wenn 30 Millionen Menschen schon annähernd dieses Gewicht erreicht hätten, dann hätten wir wesentlich weniger medizinische Probleme in unserem Land.

1.) Trinken Sie viel!

Am besten viel Wasser. 70% unseres Körpers bestehen aus Wasser und sogar 93% unseres Gehirns.

Alles ist aus Wasser geboren, alles wird durch das Wasser erhalten.

J. W. v. Goethe

2.) Essen Sie Leben!

Ich kann mich noch sehr gut daran erinnern, dass ich vor Jahren von meinem befreundeten ärztlichen Kollegen Spitzbart diesen Satz gehört habe. Er ist so wahr! Obst und Gemüse lebt. Einen Apfel können Sie in den Boden stecken und es wächst ein Baum – ein faszinierendes Nahrungsmittel. In diesem heißen Sommer habe ich eine Tüte mit Äpfeln auf meinem Boot liegen lassen. In der Kajüte herrschten sicher tagsüber 50 °C. Als ich 10 Tage später wieder hinausfuhr, waren die Äpfel so frisch wie am ersten Tag. Zeigen Sie mir ein Lebensmittel, mit dem das auch funktioniert hätte.

3.) Achten Sie auf kurze Kohlenhydrate!

Häufig wird Fett als Sündenbock hingestellt und dabei vergessen, dass gerade Zucker und weißes Mehl zwei kritische Nahrungsmittel sind. Sie lassen sowohl den Zucker, als auch den Insulinspiegel im Blut schnell ansteigen und sorgen somit für den Speicherungsmodus des Körpers. Insulin baut Nährstoffe zu speicherfähigem Körperfett um.

4.) Essen Sie viele Ballaststoffe!

Das sind Stoffe wie zum Beispiel Zellulose aus den Zellwänden von Obst und Gemüse, die wir nicht verdauen können und die daher unsere Darmtätigkeit stimulieren, weil etwas im Darm bleibt, das bewegt werden kann. Die Kontaktzeit zu den Umweltgiften in unserem Darm sinkt und damit das Risiko an einem Darmtumor zu erkranken.

5.) Fett hat viele Kalorien!

Daher wird es ja auch als Speichermedium verwendet, oder in Form von Milch als Ernährungssubstanz für den Nachwuchs.
Um genau zu sein, 1g Fett hat mehr als doppelt soviel Kalorien (9,3 kcal) wie ein 1g Kohlehydrat oder Eiweiß. Legen Sie sich einen Kalorienkompass zu und staunen Sie einmal, wieviele Kalorien so manche Lebensmittel haben (eine Tafel Schokolade zum Beispiel 560 kcal !)

6.) Das Geheimnis von Vitalstoffen!

Vitamine und Spurenelemente (z.B. Salze) sind für unseren Körper lebenswichtig und entfalten eine wohltuende Wirkung, wenn in ausreichender Form vorhanden. Wenn Sie viel Obst und Gemüse essen, ist das schon sehr gut. Sinnvolle Nahrungsergänzungen helfen Ihnen dabei, Ihrem Köper die ausreichende Menge zu geben.

7.) Hören Sie auf Ihren Körper!

Sobald Sie anfangen, den Weg der Gesundheit, Fitness und Wellness einzuschlagen, werden Sie feststellen, dass Ihr Köper eine deutliche Sprache spricht.
Er sagt Ihnen was er wirklich mag und was nicht. Man nennt das „somatische Intelligenz", die Intelligenz Ihres Körpers.

- Nehmen Sie sich Zeit für ein Essen in Ruhe
- Trinken Sie mehr Tee und essen Sie mehr Salat

113

Stress

Stress ist eine natürliche Reaktion auf einen besonderen Belastungszustand – positiv wie negativ. Diese Belastung kann psychisch (seelischer Schmerz oder seelische Freude), sowie physisch sein (wir reagieren auch bei körperlichem Schmerz, ebenso wie bei körperlicher Lust mit der Ausschüttung von Adrenalin).

Die Natur will durch diesen Mechanismus sowohl unsere Seele, als auch unseren Körper in Ausnahmesituationen schützen.

Leider sind diese Ausnahmesituationen heutzutage zur täglichen Gewohnheit geworden und damit wird der schützende Mechanismus zur Krankheit.

Wir laden uns oft viel zu viel Arbeit auf, kaufen zwischen viel zu vielen Menschen ein, bewegen uns in lauter und schneller Umgebung (beides übrigens Sinneswahrnehmungen, die Stress verursachen), ärgern uns über viele Kleinigkeiten, streiten uns, schlafen wenig, kommen wenig zur Ruhe und beschleunigen stetig das Tempo in dem wir leben. Schnelles Essen, schnelle Fitness, schnelle Besprechungen, schnelle Ergebnisse, schnelle Kommunikation, viele Störungen, ...

Das alles verursacht Stress mit direkten Auswirkungen auf unseren Körper, die wir bereits in unseren Sprachgebrauch eingebaut haben:

- „Es steigt mir zu Kopf" und belastet unser Gehirn – Kopfschmerzen und Migräne sind die Folge.

- „Ich kann das nicht mit ansehen" und belastet so meine Augen.

- „Es verschlägt mir die Sprache" und somit leiden wir unter Entzündungen unseres Halses.

- „Ich bräuchte ein dickeres Fell" und keine weitere Belastung meines Immunsystems.

- „Das Blut gefriert mir in den Adern" und schädigt meine Blutgefäße.

- „Es schnürt mir die Kehle zu" und hindert mich daran richtig zu atmen.

- „Es zerreißt mein Herz" und in der Tat bekommen Menschen Herzrhythmusstörungen bis hin zum Herzinfarkt.

- „Es schlägt mir auf den Magen" und führt so direkt zur Magenentzündung und zum Magengeschwür.

Die Liste könnte ich beliebig fortsetzen, da gerade all unsere anderen Verdauungsorgane und Drüsenfunktionen direkt von übermäßigem Stress betroffen sind. Tumore, Infarkte, Entzündungen, Diabetes und viele andere Erkrankungen sind die Folge.

Wann hören wir endlich damit auf?

LebensBalance ist kein Luxus, kein schöner Umstand, „nett wenn es mal so wäre" – ein Leben in Balance ist die Rückkehr zu dem natürlichen Zustand, in dem wir eigentlich leben sollen.

Das besonders Schlimme am Stress ist nicht,
dass er uns krank macht und tötet,
sondern vielmehr, dass er uns jeden Tag davon abhält,
das Leben zu genießen.

Rauchen

Es ist zwar richtig, wenn ich Rauchern immer wieder darstelle, wie zerstörerisch sie mit ihrem Körper umgehen. Auch die Tatsache, dass 17 Lebensjahre verschwendet werden, da Raucher diese Zeitspanne durchschnittlich kürzer leben – mal ganz abgesehen von den Gebrechen und Beschwerden vor dem Tod. Auch meine persönlichen Erfahrungen in Operationen, bei denen wir Lungentumore, die durch das Rauchen entstanden sind, entfernt, oder Beine amputiert haben, sind zwar ebenso zutreffend und abschreckend – aber mal ganz ehrlich:

Was bringen sie ?

Rauchen ist eine Volkskrankheit, an der jedes Jahr viele tausend Menschen in unserem Land sterben – noch viel mehr Menschen werden dadurch krank.

Es ist so, als ob wir jeden Tag bewusst um unser Auto gehen und Kratzer hinein machen. Wir sehen dann beim Verrosten des Wagens zu, der uns bald nicht mehr befördern kann. Jeden Tag machen Raucher das mit ihrem Körper.

Raucher entbehren etwas:

- Gesundheit
- Energie
- Geld
- Selbstvertrauen
- Inneren Frieden
- Mut
- Gelassenheit
- Freiheit
- Selbstachtung

Gewöhnen Sie sich ab, Nichtraucher zu beneiden.

Kommen Sie zur Vernunft! Keiner zwingt Sie zu rauchen, und denken Sie daran:

Es bringt Ihnen absolut nichts.

(Allen Carr – Endlich Nichtraucher!)

Eines der Bücher, die Rauchern geholfen haben, mit dem Rauchen aufzuhören, ist das von Allen Carr, indem er als ehemals starker Raucher mit klaren Anweisungen dabei hilft, damit Schluss zu machen.
Er hilft auch dabei, die gebräuchlichsten Ausreden zu vermeiden.

Rauchen ist eine Sucht, eine Abhängigkeit, und Menschen neigen dazu, die eine Sucht durch eine andere zu ersetzen. Daher muss die Arbeit an der eigenen Person tiefer gehen.

Der erste Schritt wird immer sein, sich selbst anzunehmen und zu lieben. Die Vergangenheit kann nicht mehr geändert werden, lediglich dieser Tag kann genutzt werden, und die Zukunft kann gestaltet werden. Liebe ist die einzige Kraft, die alles durchdringen kann, auch unsere eigene Persönlichkeit mit all unseren lieblosen Gewohnheiten gegenüber uns selbst.

Beginnen Sie damit, sich selbst zu lieben, und dann hören Sie auf zu rauchen !

Zehn eindeutige Anzeichen dafür, dass Sie zu viel rauchen:

- Sie haben Ihre Zehen zuletzt vor 10 Jahren gespürt.

- Ihr Schreibtisch hat einen eigenen Zigaretten-Automaten.

- Sie genießen kein Essen, sondern nur die Zigarette danach.

- Sie halten Marlboro für einen Staat in Amerika.

- Die Zigarette danach ist Ihnen wichtiger als der Sex davor.

- Ihre Frau trägt Oropax wegen Ihres Raucherhustens.

- Ein Lungenzug ist für Sie erotischer als ein Zungenkuss.

- In Ihrem Büro brennen immer die Nebelscheinwerfer.

- Nach einer Treppe in den ersten Stock fühlen Sie sich wie nach einem Marathonlauf.

- Sie sehen so schlecht aus, dass sogar die Rollstuhlfahrer für Sie aufstehen.

Durch normales Körpergewicht,
angepassten Sport, gesunde Ernährung
und nicht Rauchen können wir schon
heute mehr für die Gesundheit tun,
als wir mit der Genforschung in Zukunft
erreichen können.

Detlev Ganten

Intensivierung des Lebensbereiches Fitness

Wann haben Sie zuletzt...

- ausgeschlafen?
- sich mit Ihrer Gesundheit beschäftigt?
- mehr als einmal pro Woche für eine Stunde Sport getrieben?
- einen 5-10km-Lauf unternommen?
- eine 20km-Wanderung gemacht?
- regelmäßig Kraftübungen gemacht?
- auf Alkohol verzichtet?
- auf Koffein verzichtet?
- auf das Rauchen verzichtet?
- „nur" Obst zum Frühstück gegessen?
- einen frisch gepressten Orangensaft getrunken?
- „nur" einen gesunden Salat als Mahlzeit gegessen?
- ein ausgewogenes Essen entspannt genossen ?
- einen Arzt / Zahnarzt für eine komplette Untersuchung besucht?
- eine Vorsorgeuntersuchung durchführen lassen?
- einen Fitnesscheck gemacht?
- Ihr Blut untersuchen lassen?
- Ihr Normalgewicht gehabt?
- die Treppen anstatt den Fahrstuhl benutzt?
- sich eine Massage geben lassen?
- eine Auszeit gehabt?
- entspannenden Urlaub gemacht?
- sich ein Ziel für Ihre Gesundheit gesetzt und dies konsequent verfolgt?

Es gibt sehr viel, was wir für unsere eigene Fitness tun können.

120

Finanzen
(Der Weg des Denkens und der Materie)

Was hülfe es dem Menschen, wenn er die ganze Welt gewönne, und nähme doch Schaden an seiner Seele?

Matthäus 16,26

Die Warnlampen des „fehlenden" Lebensbereiches Finanzen (Schatz):

- Unzufriedenheit mit der eigenen finanziellen Situation
- Schulden, die unser Denken beeinflussen und uns ängstigen
- Streiterein wegen Geld
- Sorgen und das Gefühl der Unfreiheit
- Bewunderung und gar Neid auf die finanzielle Situation anderer
- Eine stetig steigende Belastung durch Ausgaben und Schulden
- Ärger über unnötige Ausgaben
- Fehlende Zeit für andere Lebensbereiche aufgrund finanzieller Notwendigkeit
- Fehlende Altersversorgung
- Fehlendes Ruhepolster für unvorhergesehene Situationen
- Zu kurze persönliche Liquiditätsreichweite
- Negative Einnahmen-Ausgabensituation pro Monat, Quartal und Jahr
- Fehlende Übersicht über die privaten Ausgaben
- Dringender Wunsch nach finanzieller Freiheit
- Keine solide Geldanlage und fehlendes Sparkonzept

Dem Geld darf man nicht nachlaufen. Man muss ihm entgegengehen.

Aristoteles Onassis

Die materielle Ebene unseres Daseins wird häufig in unserem Denken und Planen vernachlässigt.

Es ist wie mit dem Grübeln, wir verwenden viel Gedanken, aber wir denken nicht.

So strömen jeden Tag auf uns Werbebotschaften, Erwartungen von anderen, unsere eigenen Wünsche, Ablenkungen und kostspieliges Vergnügen auf uns ein. Konsum heißt der Kampf um unser Geld und wir kämpfen fleißig mit.

Machen wir uns einmal grundsätzlich Gedanken über unsere finanzielle Situation, über Geld, und die damit verbundenen Sorgen.

Für sehr viele Menschen in unserem Land bedeutet Geld die Absicherung ihrer Grundbedürfnisse. Viele leben am Rande des Existenzminimums. Oft ist diese Situation ein Ergebnis der eigenen Denkhaltung. Viele kleine Fehler und Nachlässigkeiten führen zu großen Fehlern und schlechten Voraussetzungen. Dann wird gerne die Schuld vergeben, den Umständen, den „Reichen", den Anderen, der Gesellschaft, der Politik, … die Liste ist lang an Schuldigen.

Mit Schuld geben wir Verantwortung ab, und wer die Verantwortung hat, hat auch die Macht. Wir geben also die Macht über unser Leben dahin, wohin wir die Schuld geben.

An der finanziellen Situation sieht man am deutlichsten, wie sich die eigenen Einstellungen und Fehler in der Lebensführung auf Dauer auswirken.

Unser Leben ist aber ein Spiegel unserer Gedanken. Wir prägen unser Leben durch unsere Gedanken und Einstellungen.

In jedem von uns wohnt die Macht,
sich für ein gesundes oder ein sieches,
ein reiches oder armes,
ein Leben in Freiheit oder Sklaverei zu entscheiden.
Wir sind es, die darüber bestimmen, und niemand sonst.
Richard Bach

123

Zwar wird unsere Gesellschaft häufig als Leistungsgesellschaft bezeichnet, doch wird zunehmend deutlich, dass sich Leistung entweder nicht auszahlt (durch zu große Reglementierung des Staates und falsch verstandenen Sozialstaat) oder Menschen einfach nicht dazu bereit sind etwas zu leisten. Dennoch will man sich „etwas leisten", was dazu führt, dass 3 Millionen Haushalte überschuldet sind (die monatlichen Einnahmen reichen also nicht aus, um den Zahlungsverpflichtungen nachzukommen!) und jeder Haushalt im Schnitt 40.000 Euro Schulden hat (Focus 45/2003).

Mal ganz abgesehen davon, dass unser Staat mit äußerst schlechtem Beispiel vorangeht. Leben auf Pump. Die gefährliche Verletzung einer grundlegenden Spielregel des Lebens.

Es kommt aber noch ein anderes Phänomen hinzu. Oft sind Menschen immer weniger bereit sich über das Geforderte hinaus zu engagieren, quasi eine „extra Meile" zu gehen, wie es Napoleon Hill bereits in den 60er Jahren in seinem Buch: „Denke nach und werde reich" formuliert hat.

Es herrscht niemals viel Verkehr auf der Extrameile.

Napoleon Hill

Leider treffen wir heutzutage mehr Menschen mit Anspruchsdenken, die sich in einer Opferrolle befinden und alle möglichen äußeren Umstände für ihre Situation verantwortlich machen, als Menschen, die bereit sind mehr zu leisten, als von ihnen erwartet wird.

Es ist das „versuchen wir es mal" und wenn es nicht klappt, dann hat es eben nicht sollen sein. Diese Einstellung ist geprägt durch Entschlusslosigkeit, Jammern, Zögern, Kritisieren, Pessimismus und letztlich großer Unzufriedenheit.

Jammern hilft aber nicht.

An dieser Stelle sei stellvertretend für viele andere Stellen darauf hingewiesen, dass jeder Aussage und jedem Beispiel durch das krasse Gegenteil entgegen argumentiert werden kann. Natürlich gibt es Lebenssituationen und Schicksalsschläge, in denen wir unsere Trauer und Traurigkeit zum Ausdruck bringen können und sogar müssen. Die Begriffe „Trauern" und „Jammern" möchte ich daher ganz bewusst voneinander unterscheiden. Mit „Jammern" meine ich den unsäglichen Zustand, dass jemand nicht das tut, was er tun könnte, sich nicht anstrengt und nach Lösungen sucht, obwohl er es könnte, weit unter seinen Möglichkeiten bleibt, und sich letztlich aus Faulheit für die Passivität entscheidet. Dies ist in der Tat ein jämmerlicher Zustand.

Es sind ausdrücklich nicht die Situationen gemeint, in denen sich Menschen nicht mehr selbst helfen können. Hier ist es die menschliche und humanitäre Pflicht einer Leistungsgesellschaft, für die Schwachen da zu sein, sie zu unterstützen und ihnen zu helfen. Leider wird dieser als sozial anzusehende Zustand in der Praxis derart missbraucht, dass vielen Menschen geholfen wird, die für sich selbst sorgen könnten, was wiederum denen schadet, die sich nicht helfen können. Eine solche Form des Sozialstaates ist weder sozial noch zu finanzieren, was wir in Kürze erleben werden.

Sind wir bereit etwas mehr zu leisten, um uns mehr leisten zu können?

124

Wer sich wirklich etwas leisten will,
muss vorher leisten was er wirklich will.

Der Weg zum Wohlstand

Das finanzielle Glück unseres Lebens hat viel mehr mit Wohlstand zu tun, als mit Reichtum.

Sowohl das eine als auch das andere bedarf der Definition, und zwar Ihrer persönlichen Definition.

Ich möchte es mal mit meiner persönlichen Definition versuchen, nach der Wohlstand bedeutet, eine gute Vermögenssituation zu haben, die mir einen hohen Lebensstandard ermöglicht. Die Krönung des Wohlstandes ist, wenn es einem möglich ist, einen ganz „normalen" gut bürgerlichen Lebensstandard allein aus seiner Vermögensrendite zu bestreiten.

Dies führt zur finanziellen Freiheit, ein Leben in Konzentration auf das Wesentliche führen zu können, ohne sich Sorgen um seinen Lebensunterhalt machen zu müssen. Dies bedingt aber auch, dass mit zunehmendem Besitz nicht automatisch die Ansprüche an das Leben steigen, und es somit immer bei einem Nullsummenspiel bleibt. Wohlstand hat ebensoviel mit der bescheidenen Ausgabenseite zu tun, wie mit der guten Einnahmeseite.

Reichtum ist eine Menge an Vermögen, dass im Einklang mit Menschen und Natur gar nicht mehr ausgegeben werden kann. Viele reiche Menschen, die durch Fleiß und eine gute Geschäftsidee zu unglaublichem Reichtum gekommen sind, gehen dazu über, dieses Geld anderen Menschen wieder zur Verfügung zu stellen, und folgen der Gesetzmäßigkeit der Natur, nachdem alles im Fluss ist. Erstaunlicherweise wird dieses Geld dann automatisch immer mehr, und die Menschen immer glücklicher.

Es gibt aber auch die vielen anderen Beispiele von Reichtum, bei denen Menschen alles für sich haben wollen, um Schwächen in ihrer eigenen Persönlichkeit oder fehlende Stärken meinen ausgleichen zu müssen. Diese Menschen sind nicht in ihrer Mitte und daher auch selten glücklich mit all dem Geld.

Kurz: Wohlstand ist Besitz, bei dem die Menschen in ihrer eigenen Mitte und Balance bleiben. Reichtum führt häufig dazu, dass Menschen mit viel Besitz nicht mehr in ihrer eigenen Mitte sind. So werden Sie auch nie glücklich sein.

Was ist Ihre persönliche Definition von Wohlstand und Reichtum? Welche Ziele wollen Sie finanziell erreichen?

Ein häufiges Problem von Menschen mit finanziellen Nöten ist, dass sie nie klar definiert haben, wie ihre finanzielle Situation, basierend auf ihren Stärken und Schwächen, aussehen soll.

Durch diese fehlende Klarheit begehen sie dann Fehler im Umgang mit den natürlichen Gesetzen des Geldes, von denen eines ganz einfach lautet:

$$E > A$$

Einnahmen größer als Ausgaben. Wenn Sie sich schon einmal an diese Regel halten, wissen Sie, was sie sich leisten können und was nicht.

In Deutschland verdienen mehr als 87 % der Menschen weniger als 30.000 Euro pro Jahr. Gut 10 % verdienen zwischen 30.000 und 50.000 Euro pro Jahr. Etwas mehr als 1,5 % verdienen zwischen 50.000 und 100.000 Euro und weniger als 1 % mehr als 100.000 Euro pro Jahr. Das sollten wir bedenken, wenn wir auf die Einnahmenseite der Gleichung schielen.

Sehr viele Menschen geben allerdings viel mehr Geld aus, als sie einnehmen. Die Konsumschulden sind eine große Falle, und so lautet eine zweite natürliche Regel im Umgang mit Geld:

Machen Sie keine Konsumschulden.

Mit Konsum ist dabei all das gemeint, was Sie nicht unbedingt zum Leben brauchen, Dinge, bei denen es auch eine Nummer kleiner geht. Fernseher, Autos, Urlaub und Einrichtungen.

Halten Sie Ordnung in Ihren Finanzen.

Alles, was uns wirklich nützt, ist für wenig Geld zu haben, nur das Überflüssige kostet viel.

Axel Munthe

Gedanken über Geld und Glück

Wir beschäftigen uns so oft mit dem Phänomen Geld, und gerade Menschen, die nicht viel besitzen, denken viel über Geld nach, müssen über Geld nachdenken, was wohl die größte Misere ist. Das Denken dreht sich dabei allzu oft im Kreis.

Wohlhabend zu werden ist sicher schwer und auch anstrengend, aber arm zu bleiben ist es ebenso.

Es gibt einiges, was Geld und Zeit gemeinsam haben, und so formulierte Benjamin Franklin „Zeit ist Geld", wissend, dass Zeit oft viel mehr wert ist als Geld. Es hängt eben bei beidem davon ab, was man damit macht; denn Geld allein macht ebenso wenig glücklich wie Zeit allein.

Daher an dieser Stelle einige Gedanken über das Geld – dem Stoff, aus dem anscheinend so viele Träume gemacht sind.

Geld ist das wichtigste Ding auf der Welt. Es bedeutet Gesundheit, Kraft, Ehre, Edelmut und Schönheit ebenso einleuchtend und unleugbar, wie sein Mangel Krankheit, Schwäche, Schande, Gemeinheit und Hässlichkeit bedeutet. Nicht die geringste seiner Wunderkräfte ist es, dass es gemeine Menschen ebenso sicher zugrunde richtet, wie es vornehme Menschen kräftigt und veredelt.

George Bernhard Shaw

Es ist angenehm, Geld zu besitzen und die Dinge zu kaufen, die man mit Geld erwerben kann. Es ist aber auch ratsam, gelegentlich zu überprüfen und sich zu vergewissern, dass man nicht die Dinge verloren hat, die man sich nicht mit Geld beschaffen kann.

George Lorimer

Geld bedingt ja auch die ein oder andere unsinnige LebensStrategie, nach der wir unser Leben leben.

So kaufen sich manche Menschen mit Geld, was sie nicht besitzen, Sachen, die sie nicht brauchen, und sie tun Dinge, die sie nicht wollen, nur um Menschen zu beeindrucken, die sie nicht mögen.

Andere wiederum verwenden in der ersten Hälfte ihres Lebens ihre eigene Gesundheit dafür, um Geld zu verdienen. Die zweite Hälfte ihres Lebens verwenden sie dann das Geld darauf, um die verlorene Gesundheit wieder zu bekommen.

Auch ist es unsinnig, das eigene Leben auf später zu vertagen, auf einen unbestimmten Zeitpunkt in der Zukunft, an dem wir es uns leisten können, glücklich zu sein. Es gibt immer einen besten Zeitpunkt, um glücklich zu sein, und das ist: Jetzt !

Kaufe nicht mit Geld, das du nicht besitzt,
Dinge, die du nicht brauchst,
um Menschen zu beeindrucken, die du nicht magst.

N. N.

Inspirationen zu „Finanzieller Erfolg"

- Geiz ist nicht geil.
- Die Gier frisst das Hirn.
- Sparen ist ein sicheres Einkommen.
- Lebe bescheiden, dann hast du weniger Sorgen.
- Kaufe nichts, bloß weil es gerade im Angebot ist.
- Zahle den Preis, den es wert ist.
- Billig zahlt sich selten aus.
- Vorsicht bei günstigen Gelegenheiten.
- Gib Trinkgeld.
- Gib kein Trinkgeld, wenn die Bedienung schlecht war.
- Spare jeden Monat.
- Überprüfe deine Kontoauszüge.
- Mache keine Konsumschulden.
- Erst leisten, dann sich leisten.
- Gehe mit deinem Lebensstandard nie an deine finanziellen Grenzen.
- Erkläre deinen Kindern, dass Geld nicht aus dem Automaten kommt.
- Gib deinen Kindern die Summe des zuerst selbst verdienten Geldes dazu. Erhöhe die Zugabe, wenn sie ihren Verdienst steigern. Wenn sie sich weiter steigern, lasse es weg, denn sie haben ja gelernt wie es geht.
- Rede nicht öffentlich über Gehalt, Ersparnisse und Anschaffungen.
- Nütze Skonto.
- Schlafe eine Nacht über das Angebot von Anschaffungen.
- Achte auf kurze Kündigungsfristen.
- Kaufe in Fachgeschäften.

- Lege Wert auf Qualität.
- Kaufe Produkte, bei denen sich eine Reparatur lohnt.
- Wenn du sparen musst, dann fange beim Auto an.
- Wohlstand braucht Vertrauen.
- Wenn sich Märkte verändern, kann viel Geld verdient werden.
- Kaufe nichts aus Angst.
- Ein gutes Buch muss man besitzen.
- Man geht mit eigenem Geld vorsichtiger um als mit fremdem (auch dies bewirkt den großen Unterschied zwischen Unternehmern und Managern).
- Unter sonst gleichen Bedingungen ist der Kredit am besten, den du am schnellsten zurückgezahlt hast.
- Willst du Eier essen, dann darfst du nicht alle Hühner schlachten.
- Wer sich einen Freund zum Feind machen will, muss ihm Geld borgen.
- Die günstigsten Kreditkarten sind auch die guten. Keine zu brauchen, ist oft am besten.
- Nutze Kreditkarten nicht für heimliche Kredite.
- Überlege genau, ob du wirklich eine Bausparkasse brauchst.
- Lieber Steuern zahlen, als Geld einem unseriösen Anlageberater geben.
- Lies das Kleingedruckte.
- Steuern gespart, Geld verloren.
- Geld ist geprägte Freiheit.
- Doppelt gibt, wer schnell gibt.

Geld verdirbt nicht den Charakter,
es bringt ihn nur zum Vorschein.

N. N.

Intensivierung des Lebensbereiches Finanzen

Wann haben Sie zuletzt...

- ...eine eigene Finanzplanung aufgestellt ?
- ...sich mit einer sinnvollen Geldanlage für Ihr Alter beschäftigt?
- ...Sparziele vereinbart?
- ...Investitionsziele vereinbart?
- ...über Ihr eigenes Preis-/Leistungsverhältnis nachgedacht?
- ...sich darüber Gedanken gemacht, welche Geldausgaben unnötig sind?

Es gibt sehr viel, was wir für unsere eigenen Finanzen tun können. Leider beschäftigen wir uns zu wenig damit und lassen uns zu oft von der Konsumgesellschaft verführen, anstatt unsere eigenen finanziellen Ziele zu verfolgen. Viele Menschen sind überschuldet, weil sie finanziell in den Tag hineinleben. Dabei werden Schulden gemacht, die in der Zukunft sehr belasten.

Auch führen belastende Gedanken zum Thema Geld dazu, dass Menschen ein Leben lang dem Geld hinterherlaufen, ohne dabei glücklich leben zu können.

Sprichwörter, die uns mit auf dem Weg ins Leben gegeben sind:

Geld verdirbt den Charakter.
Reiche Menschen sind Ausbeuter.
Geld macht nicht glücklich.
Über Geld spricht man nicht.
Geld ist die Wurzel allen Übels.
...

Diese Gedanken sind für Ihr Leben nicht „nützlich". Es kann nicht funktionieren, dass wir auf der einen Seite Geld besitzen wollen und es auch der anderen Seite verurteilen. Hier wird Ihnen Ihr Unterbewusstsein immer einen Streich spielen und Ihre „Meinungen" werden siegen.

Geld kann uns keine Sicherheit verschaffen, wenn wir diese Sicherheit und das Vertrauen nicht vorher in unserem Herzen haben.

Werfen Sie also viel Ballast an Gedanken über das Geld zunächst ab, und machen Sie sich gründlich neue Gedanken über Ihre Einstellung zum Geld.

Sobald wir beginnen, Gedanken loszulassen, werden wir ganz automatisch freier, um neue Gedanken aufzunehmen.

Zeit kann „nur" verschwendet werden, indem sie nicht geplant wird. Geld kann ebenso verschwendet werden, wenn wir unseren Umgang mit Geld nicht planen und uns über unsere persönliche Einstellung zu dem Thema Geld keine Gedanken machen.

Bedenken Sie auch stets die Weisheit der Bibel, die uns genau dieses Denken seit Tausenden von Jahren vermitteln möchte:

Denn wer da hat, dem wird gegeben werden, und er wird die Fülle haben; wer aber nicht hat, dem wird auch, was er hat, genommen werden.
Matthäus 25, 29

Wohlstand beginnt mit dem Gedanken, ihn zu erstreben, und einem konsequenten Handeln.

Firma
(Der Weg des Geistes zum Erfolg)

Warnlampen des „fehlenden" Lebensbereiches Firma:

Wenn sich unsere berufliche Planung darauf beschränkt,

■ ... sich morgens auf die erste Pause zu freuen.

■ ... nach der Pause an das Mittagessen zu denken.

■ ... beim Mittagessen sich auf den Feierabend zu freuen.

■ ... bis Mittwoch Mittag begeistert vom letzten Wochenende zu berichten.

■ ... ab Mittwoch Mittag begeistert vom nächsten Wochenende zu schwärmen.

■ ... an Arbeitstagen zu wünschen, lieber einen Feiertag zu haben.

■ ... sich darauf zu freuen, dass es ja bald in den Urlaub geht.

■ ... sich dadurch langfristig zu motivieren, dass es ja bald in Rente geht.

War das alles?

Auf jeden Fall ist es Verschwendung des eigenen Talentes und Verlust der eigenen Träume.

Kollektiver Freizeitpark Deutschland?

Freizeitorientierte Schonhaltung?

Wir arbeiten pro Jahr je nach Feiertagslage 217 Tage und haben demzufolge 148 Tage frei, davon 6 Wochen Urlaub. Und wenn wir nun noch die Forderungen der Gewerkschaften nach einer 32-Stunden-Woche berücksichtigen und somit noch viermal acht Stunden arbeiten, dann würden wir noch 169 Tage arbeiten und hätten 196 Tage frei.

Was für ein wundervolles Leben?

Arbeit ist schwer, ist oft genug ein freudloses und mühseliges Stochern; aber nicht arbeiten – das ist die Hölle.

Thomas Mann

In ihrem Buch „Das Geheimnis der Ausstrahlung" zitiert Margit Grieshammer folgende kleine Geschichte:

Es war einmal ein Mann, der starb, und sich an einem wunderschönen Ort wiederfand, umgeben von allem erdenklichen Komfort. Ein Mann im weißen Jackett kam auf ihn zu und sagte: „Sie können alles haben, was Sie wollen – alle Speisen – alle möglichen Vergnügen – alle Arten von Unterhaltung." Der Mann war hoch erfreut. Tagelang probierte er von all den Delikatessen und Erfahrungen, von denen er auf Erden geträumt hatte. Doch eines Tages wurde ihm das alles langweilig, und er rief den Wärter zu sich und sagte: „Ich bin dies alles müde. Ich brauche etwas zu tun. Welche Art von Arbeit kannst du mir geben?" Der Wärter schüttelte traurig den Kopf und antwortete: „Es tut mir leid, mein Herr. Das einzige, was wir nicht für Sie tun können. Es gibt hier keine Arbeit für Sie." Worauf der Mann entgegnete: „Eine schöne Bescherung. Ebenso gut könnte ich in der Hölle sitzen."
Der Wärter sagte sanft: „Was glauben Sie, wo Sie hier sind!"

Margret Stevens

Das Geheimnis des Erfolges

Das Geheimnis des persönlichen Erfolges ist einfach, es ist die Antwort auf die Frage:

Welchen Nutzen biete ich meiner Umwelt?

Auf der Suche nach dem Sinn unserer Arbeit sollten wir uns immer wieder fragen, welchen Sinn wir denn anbieten und somit stiften.

Nach welchen Regeln will ich arbeiten?

Was ist mir dabei besonders wichtig?

Wenn wir über LebensBalance sprechen, dann bedeutet das auch, dass wir in all unseren Lebensbereichen Klarheit schaffen, was wir hier eigentlich vom Leben wollen und was nicht. Solche Zielformulierungen und Spielregeln kennen wir aus der Unternehmensphilosophie und der Unternehmenskultur. Haben wir aber auch eine *persönliche* Philosophie und Kultur für unseren Erfolg?

Dies kann ein niedergeschriebenes Dokument sein, dass für uns allein persönlich verbindlich ist.

Hier spielen unsere Werte eine große Rolle. Welche Werte wollen wir wirklich leben? Wir bewundern gelebte Werte an anderen und sollten uns die Frage stellen, welche dieser Werte wir selbst leben wollen. Eine klare Vision und gelebte Werte sind eine bewusste Entscheidung und unser Kompass für den Alltag.

Haben Sie eine Lebensphilosophie?

- eine persönliche Vision?

- einen persönlichen Werte-Ethik-Kodex?

Somit einen Kompass für den Alltag?

Jeder große und bedeutende Augenblick der Menschheit ist
der Triumph irgendeiner Art von Leidenschaft.

Ralph Waldo Emerson

137

Teamwork

Teamwork bedeutet, dass gewöhnliche Menschen so gut zusammenarbeiten, dass sie ungewöhnliche Leistungen vollbringen.

Dieses Phänomen kann nicht gemanagt werden. Menschen lassen sich nicht managen. Dinge und Projekte lassen sich managen, so wie sich Zeit und Qualität managen lassen. Daher spricht man ja auch von Projektmanagement, Zeitmanagement und Qualitätsmanagement.

Schon mal was von „Menschenmanagement" oder „Teammanagement" gehört?

Wenn ja, dann war wieder mal ein Berater unterwegs, der eine „neue" Technik entwickeln wollte, um diese zu verkaufen.

Eine solch kritische Technik ist auch das Chancenmanagement. Eine stehender Begriff, der so häufig scheitert, weil er per Definition nicht funktionieren kann.

Veränderungen bewirken immer nur Menschen, die sich vorher selbst verändert haben. Erst durch eine neue Art des Denkens entsteht eine neue Art des Handelns, und somit eine neue Art von Ergebnissen.

Veränderung lässt sich aber ebenso wenig managen, wie sich ein Team managen lässt. Veränderung kann nur durch Führung bewirkt werden und Teamwork entsteht, indem sich alle Menschen in einem Team für ein gemeinsames Ziel und gemeinsame Werte entscheiden.

Das ist ein hochgradig effektiver Prozess. Wenn ein Team sich zusammenfindet und motiviert arbeitet, gibt es kaum ein Problem, dass sich gemeinsam nicht lösen lässt.

Ich möchte sogar weiter gehen und sagen, es ist jedes Problem lösbar, wenn das Teamwork nur gut genug ist und alle gemeinsam von dem Ziel begeistert sind.

Gute Teams machen das Unmögliche möglich!

Die Motivation in einem Team kommt immer aus dem Inneren der Menschen. Externe Motivation wirkt nur kurze Zeit.

Natürliche Motivation eines Teams zeigt sich ...

- ... durch ein lebendes Motiv,
- ... durch Begeisterung,
- ... durch den Funken, der überspringt,
- ... durch Hingabe und Engagement,
- ... durch Verständnis und Respekt,
- ... durch Ausdauer und Humor, durch Spaß und Freude,
- ... durch Ergebnisse und Erfolg.

Natürliche Motivation eines Teams kann weder kontrolliert noch verordnet werden. Sie ist die hohe Kunst der Führung, die auf den Menschen und die Kultur eines Unternehmens wirkt.

Wenn die Kultur stimmt, braucht es keine Kontrolle.
Wenn die Kultur nicht stimmt, wird keine Form der Kontrolle ausreichend sein.

Zusammenkommen ist ein Anfang,
zusammen zu arbeiten ist Fortschritt
zusammen begeistert sein ist Energie,
zusammen Erfolg zu haben ist das Ergebnis.
N. N.

Verlierer und Sieger

Der Verlierer kämpft gegen etwas.
Der Sieger kämpft für etwas.

Der Verlierer sagt: „Ja, aber..."
Der Sieger sagt: „Warum nicht?"

Der Verlierer lässt motivieren.
Der Sieger ist motiviert.

Der Verlierer ist pessimistisch.
Der Sieger ist optimistisch.

Der Verlierer vergleicht seine Lösungen mit denen anderer Leute.
Der Sieger vergleicht seine Leistungen mit seinen Zielen.

Der Verlierer schiebt auf und beklagt das Ergebnis.
Der Sieger entscheidet und trägt Verantwortung.

Der Verlierer denkt in Problemen.
Der Sieger denkt in Lösungen.

Der Verlierer ist Opfer und gibt die Macht dem Schuldigen.
Der Sieger bleibt verantwortlich, behält die Macht.

Der Verlierer beklagt, was er verändern könnte.
Der Sieger verändert, was er ändern kann.

Der Verlierer vergrößert seinen Sorgenkreis.
Der Sieger vergrößert seinen Einflusskreis.

Der Verlierer hat immer eine Ausrede.
Der Sieger hat immer einen Plan.

Der Verlierer sagt: „Man könnte es machen."
Der Sieger sagt: „Ich mache es."

Der Verlierer sagt: „Das ist nicht meine Aufgabe."
Der Sieger sagt: „Lass mich dir helfen."

Der Verlierer will größer werden, indem er andere klein macht.
Der Sieger wird größer, indem er andere groß macht.

Der Verlierer sagt:
„Es mag möglich sein, aber es ist zu schwierig."
Der Sieger sagt:
„Es mag schwierig sein, aber es ist möglich."

Der Verlierer ist immer ein Teil seiner Frage.
Der Sieger ist immer ein Teil seiner Antwort.

Es zählt was du tust, nicht was du sagst.

Sieger zu sein ist eine persönliche Entscheidung, jeden Tag.

Ein Sieger spielt WIN/WIN.
Ein Verlierer all die anderen Spiele.

Sei ein Sieger!

N. N. (vom Autor verändert)

Gott gebe mir die Kraft, Dinge zu ändern, die ich ändern kann; die Gelassenheit, Dinge hinzunehmen, die ich nicht ändern kann; und die Weisheit, das eine vom anderen zu unterscheiden.

Friedrich Öttinger

Welchen Eid haben Sie geschworen?

Gewinne zu machen

ist nicht das wichtigste Unternehmensziel!

Das wichtigste Unternehmensziel ist die Antwort
auf die wichtigste Unternehmensfrage:

Welchen Nutzen biete ich meinen Kunden?

Du kannst nur das in anderen entzünden,
was in dir selbst brennt!

Heiliger Augustinus

Erfolg in Balance

Was ist eigentlich Erfolg ?

Diese Frage aus dem Seminar UnternehmerEnergie lässt sich vielfältig beantworten. Um aber dem Erfolg auf den Grund zu gehen, hier einige Aussagen, wie Erfolg definiert werden kann:

„Erfolg ist das Streben nach Lustbefriedigung."
Siegmund Freud

„Erfolg ist das Streben nach Überlegenheit."
Alfred Adler

„Erfolg ist das Streben nach Bedeutung"
Benjamin Franklin

Meine eigene Interpretation von Erfolg sucht einen möglichst allgemeinen Ansatz:

**„Erfolg folgt unserer Aufmerksamkeit. Worauf wir uns konzentrieren, bestimmt die Qualität unseres Lebens.
Die Art unserer Ziele und der Weg, wie wir diese erreichen, bestimmen Glück und Erfolg."**

Der glückliche Erfolg ist eine Herausforderung an unsere eigene LebensBalance. Denn wie oft hören wir von erfolgreichen oder reichen Menschen, die tief in ihrem Herzen unglücklich sind. Ein großer beruflicher Erfolg kann durchaus auch das Ergebnis einer Flucht sein – einer Flucht vor sich selbst und den wirklich drängenden Fragen des Lebens. Erinnern Sie sich immer wieder daran:

Unseren Körper und unsere Seele vernachlässigen wir am meisten!

Entgegen so mancher Erfolgsliteratur sind es nämlich nicht die Ziele allein, die wir uns setzen, sondern vor allem der Weg dorthin. Neulich las ich ein Interview mit einem erfolgreichen Manager; seine Antwort auf die Frage, wofür er denn eigentlich arbeite:

„Damit ich in einigen Jahren wieder mehr Zeit für meine Familie habe."

Später, später.
Vielleicht gibt es aber kein später.
Vielleicht lebt er dann nicht mehr.
Vielleicht dauert es einfach viel länger als geplant – oft ein Leben lang.
Vielleicht ist die Familie nicht mehr da, wenn unser Jungmanager seinen angeblichen Erfolg feiern möchte. Und nichts ist langweiliger als ein einsamer Erfolg, den wir mit niemandem teilen können.

Das Leben ist viel hektischer geworden. Ist es aber auch viel besser geworden?

Ehen werden schon zur Hälfte wieder geschieden und Menschen sterben heute zu mehr als 25% an einer Herzkrankheit (laut statistischem Bundesamt sind die drei häufigsten Todesursachen: Chronische Herzkrankheit, Akuter Herzinfarkt und Herzinsuffizienz, an denen jedes Jahr mehr als 210.000 Menschen sterben). In manchen Fällen muss das so sein, aber in den meisten Fällen ist dies nicht notwendig. Bei einer Reise durch Afrika war ich erstaunt zu hören, dass Herzkrankheiten dort sehr selten sind.

Was ist der Erfolg eines Herrn Nixdorf, der durch einen Herzinfarkt 1986 tot auf der CeBit zusammenbrach. Er hatte ein Imperium aufgebaut. Was ist davon heute noch übrig? Ist es genug, wenn der eigene Name auf irgendeinem Computerschild neben anderen Namen noch für ein paar Jahrzehnte nachschwingt?

Beruflicher Erfolg ist sehr wichtig, er ist jedoch nur in Balance nachhaltig und von Dauer.

Heutzutage neigen die Menschen dazu,
ihre Zuflucht in übermäßiger Arbeit zu suchen,
um sich nicht mit ihrem inneren Aufruhr auseinandersetzen zu müssen.

Thich Nhat Hanh

Inspirationen zu „Arbeiten mit mehr Erfolg"

- Deine Arbeitskraft wird dann anerkannt, wenn sie Nutzen bringt.

- Hör auf zu kämpfen !

- Gewinne, ohne über andere zu siegen !

- Viel mehr Menschen geben freiwillig auf, als dass sie echt scheitern.

- Wenn du einen Rat gibst, dann so, dass der, dem du den Rat gibst, gut aussieht, so als ob es seine eigene Einsicht war. (Das ist wahre Dienstleistung)

- Gute Berater sind ein großes Glück.

- Wenn du was nicht weißt, frage.

- Übermäßig positive Erwartungen sind nie erfüllbar.

- Wettbewerb fördert Innovation.

- Schreibe gute Ideen auf.

- Setze gute Ideen um, bevor es andere tun.

- Erledige das Wichtigste zuerst.

- Das Wichtige ist selten dringend.

- Das Dringende ist selten wichtig.

- Gebe dich nicht mit Zweitbestem zufrieden.

- Liefere keine Arbeit ab, die nur „gut genug" ist.

- Um zu überzeugen, musst du überzeugt sein.

- Frieden kommt von Respekt.

- Frieden ist einfacher, wenn du ausreichend stark bist.

- Lies gute Autoren im Original und nicht nur über sie.

- Alle Möglichkeiten eines Missbrauchs werden auch genutzt.

- Der ideale Geschäftserfolg ist ein Gleichgewicht, kein Extrem.

- Dein Aussehen bestimmt, wie man dich empfängt. Deine Persönlichkeit bestimmt, wie du verabschiedet wirst.

- Lieber besser machen als gut kritisieren.

- Kritik ist oft zu laut, Lob meistens zu leise.

- Für jedes Problem gibt es eine einfache und klare Lösung.

- Jedes Problem hat aber auch eine einfache Lösung, die falsch ist.

- Das Gegenteil von „gut" ist „gut gemeint".

- Es zählt nicht, was du tun könntest. Es zählt, was du tust.

- Fachkönnen macht nur zur Hälfte deinen Erfolg aus.

- Die andere Hälfte besteht aus deinen menschlichen Qualitäten.

- Mache Menschen erfolgreich und du wirst erfolgreich sein.

- Das Wichtigste bei Unzufriedenheit ist Handeln.

- Das wirklich Geniale ist meist einfach.

- Wo alle gehen, wächst kein Gras.

- Wer nie gegen den Strom schwimmt, kommt auch nicht zur Quelle.

- Zu einem Erfolg gehören Vorbereitung und Durchführung - sowie eine Analyse, was man noch besser machen kann.

- Sage öfter „ich werde" und nicht „ich werde versuchen".

- Frage nicht „warum", sondern „warum nicht".

- „Geht nicht" gibt's nicht.

- Einen Fehler nicht zu korrigieren, heißt, einen neuen Fehler zu begehen.

- Bei 100 % eines Projektes, sind 90 % erst die Hälfte.

- Fang mit dem Leichten und Einfachen an.

Wahrhaft siegt, wer nicht kämpft.
Sun Tsu

- Nutze kleine Chancen. Oft sind sie der Beginn von etwas Großem.
- Lieber langsam zum Ziel, als schnell umhergeirrt.
- Es kann nie genug Lob geben, wenn es ehrlich ist.
- Lobe auch kleine Erfolge.
- Vor Gewinnen steht Beginnen.
- Es ist einfacher, um Vergebung zu bitten, als um Erlaubnis zu fragen.
- Der Visionär ist ohne Menschen, die umsetzen, ohnmächtig, Menschen ohne Visionär richtungslos.
- Bewerte weniger.
- Beharre nicht auf etwas, bloß weil es schon immer so war.
- Mach nichts schlecht, bloß weil du es nicht verstehst. Lehne Neuerungen nicht ab, ohne sie einmal geprüft zu haben.
- Wer Menschen führen will, sollte hinter ihnen gehen und sie fördern.
- Neid nagt nicht an faulem Holz, drum sei auf deine Neider stolz.
- Neid ist die ehrlichste Form der Anerkennung.
- Mach dich nicht mit unwichtigen Arbeiten wichtig.
- Tue Gutes und rede darüber. Noch besser, lasse andere darüber reden.
- Die häufigste Ursache des Misserfolgs sind Erfolge der Vergangenheit.
- Rede in Bildern.
- Mache Vorschläge, anstatt anzuordnen.
- Alles selbst machen zu wollen, ist oft Ursache des Scheiterns.
- Es genügt, wenn du deine alltäglichen Aufgaben gut machst.
- Projektmanagement ist wie Segeln, Prozessmanagement wie Bahnfahren.
- Erfolg braucht Beständigkeit des Ziels.
- Du musst herausfinden, was die Probleme deiner Kunden sind.
- Löse diese Probleme besser als andere und du löst deine eigenen.
- Wer zwei Chefs hat, muss einen belügen.
- Wer viel über Arbeit spricht, hat keine Zeit sie zu tun.
- Tu das, was du tust, konzentriert und gut. Die rechte Zeit ist wichtiger als das beste Werkzeug.
- Erfolglose Menschen kennen Probleme, Erfolgreiche Lösungen.
- Achte darauf , dass niemand sein Gesicht verliert.
- Überprüfe öfter das Verhältnis deiner Anstrengungen zu deinen Erfolgen.
- Niemand ist unersetzlich.
- Sieger erkennt man am Start.
- Sieger glauben nicht an den Zufall.
- Fange Wichtiges rechtzeitig an.
- Teile den Erfolg in Etappen ein.
- Versetze dich vor schwierigen Situationen in eine gute Stimmung.
- Behandle Menschen auf dem Weg nach oben gut, sie könnten dir auf dem Weg nach unten wieder begegnen.
- Sei ein guter Verlierer.
- Kein Wort mehr, nachdem unterschrieben ist.
- Wiederhole keine falschen Behauptungen, auch nicht um sie zu widerlegen.
- Trage Streit nicht in die Öffentlichkeit.

Die Arbeit hält drei große Übel fern:
Sinnlosigkeit, Laster und Not.

N. N.

- Wer sauber in eine Pfütze springt, wird selber schmutzig.

- Der Mensch ist die beste Führungskraft, der den meisten Nutzen bringt.

- Die Arbeit hält drei große Übel fern: Sinnlosigkeit, Laster und Not.

- Für viele Menschen ist Arbeit Zerstreuung, um sich nicht ihren wahren Problemen zu stellen.

- Viele Erfolgsmenschen nehmen ihren Erfolg für wichtiger als ihr Herz.

- Mit Unsinn kann man in einer orientierungslosen Gesellschaft viel Geld verdienen.

- Wer einer Vision folgt, macht oft Umwege, aber selten Abwege.

- Der Glaube an Zahlen trübt den Blick für die Wirklichkeit.

- Schiebe Probleme nicht auf die lange Bank.

- Knüpfe dein Leben nie an eine einzige Hoffnung.

- Die meisten Menschen wissen zu wenig über sich selbst.

- Lass dich vom Misserfolg nicht unterkriegen, er gehört zum Erfolg.

- Trage Tatsachen mit Würde.

- Auch aus Zitronen kann man Limonade machen.

- Nur die Sache ist verloren, die du aufgibst.

- Sei nie zu stolz, um einen Freund um Trost oder Hilfe zu bitten.

- Wer ein Problem definiert, hat es schon halb gelöst.

- Talente finden Lösungen, Genies entdecken Probleme.

- Leute, die glauben keine Fehler zu machen, lernen nicht aus ihnen.

- Das Leben ist nun mal nicht immer gerecht. Akzeptiere es.

- Fragen sind wichtiger als Antworten.

- Wer nicht handelt, dem wird der Himmel nie helfen.

- Die Wut im Bauch ist nicht die schlechteste Motivation.

- Du kannst besser das verändern, was du auch messen kannst.

Neid ist die ehrlichste Form der Anerkennung.
Neid hält auch den Neider davon ab,
das selbst zu erreichen, worum er neidet.

Anekdote von der Senkung der Arbeitsmoral
(Heinrich Böll)

In einem Hafen an einer westlichen Küste Europas liegt ein ärmlich gekleideter Mann in seinem Fischerboot und döst. Ein schick angezogener Tourist legt eben einen neuen Farbfilm in seinen Fotoapparat, um das idyllische Bild zu fotografieren: blauer Himmel, grüne See mit friedlichen schneeweißen Wellenkämmen, schwarzes Boot, rote Fischermütze. Klick. Noch einmal: klick, und da aller guten Dinge drei sind und sicher sicher ist, ein drittes Mal: klick.

Das spröde, fast feindselige Geräusch weckt den dösenden Fischer, der sich schläfrig aufrichtet, schläfrig nach seiner Zigarettenschachtel angelt; aber bevor er das Gesuchte gefunden, hat ihm der eifrige Tourist schon eine Schachtel vor die Nase gehalten, ihm die Zigarette nicht gerade in den Mund gesteckt, aber in die Hand gelegt, und ein viertes Klick, das des Feuerzeugs, schließt die eilfertige Höflichkeit ab. Durch jenes kaum messbare, nie nachweisbare Zuviel an flinker Höflichkeit ist eine gereizte Verlegenheit entstanden, die der Tourist - der Landessprache mächtig - durch ein Gespräch zu überbrücken versucht.

„Sie werden heute einen guten Fang machen." Kopfschütteln des Fischers.

„Aber man hat mir gesagt, dass das Wetter günstig ist." Kopfnicken des Fischers.

„Sie werden also nicht ausfahren?"

Kopfschütteln des Fischers, steigende Nervosität des Touristen. Gewiß liegt ihm das Wohl des ärmlich gekleideten Menschen am Herzen, nagt an ihm die Trauer über die verpasste Gelegenheit.

„Oh, Sie fühlen sich nicht wohl?"

Endlich geht der Fischer von der Zeichensprache zum wahrhaft gesprochenen Wort über. „Ich fühle mich großartig", sagte er. „Ich habe mich nie besser gefühlt." Er steht auf, reckt sich, als wolle er demonstrieren, wie athletisch er gebaut ist. „Ich fühle mich phantastisch."

Der Gesichtsausdruck des Touristen wird immer unglücklicher, er kann die Frage nicht mehr unterdrücken, die ihm sozusagen das Herz zu sprengen droht: „Aber warum fahren Sie dann nicht aus?"

Die Antwort kommt prompt und knapp. „Weil ich heute morgen schon ausgefahren bin."

„War der Fang gut?"

„Er war so gut, dass ich nicht noch einmal auszufahren brauche, ich habe vier Hummer in meinen Körben gehabt, fast zwei Dutzend Makrelen gefangen ..."

Der Fischer, endlich erwacht, taut jetzt auf und klopft dem Touristen beruhigend auf die Schultern. Dessen besorgter Gesichtsausdruck erscheint ihm als ein Ausdruck zwar unangebrachter, doch rührender Kümmernis.

„Ich habe sogar für morgen und übermorgen genug", sagte er, um des Fremden Seele zu erleichtern. „Rauchen Sie eine von meinen?"

„Ja, danke."

Zigaretten werden in Münder gesteckt, ein fünftes Klick, der Fremde setzt sich kopfschüttelnd auf den Bootsrand, legt die Kamera aus der Hand, denn er braucht jetzt beide Hände, um seiner Rede Nachdruck zu verleihen.

„Ich will mich ja nicht in Ihre persönlichen Angelegenheiten mischen", sagt er, „aber stellen Sie sich mal vor, Sie führen heute ein zweites, ein drittes, vielleicht sogar ein viertes Mal aus und Sie würden drei, vier, fünf, vielleicht gar zehn Dutzend Makrelen fangen ... stellen Sie sich das mal vor." Der Fischer nickt.

„Sie würden", fährt der Tourist fort, „nicht nur heute, sondern morgen, übermorgen, ja, an jedem günstigen Tag zwei-, dreimal, vielleicht viermal ausfahren - wissen Sie, was geschehen würde?"

Der Fischer schüttelt den Kopf.

„Sie würden sich in spätestens einem Jahr einen Motor kaufen können, in zwei Jahren ein zweites Boot, in drei oder vier Jahren könnten Sie vielleicht einen kleinen Kutter haben, mit zwei Booten oder dem Kutter würden Sie natürlich viel mehr fangen - eines Tages würden Sie zwei Kutter haben, Sie würden...", die Begeisterung verschlägt ihm für ein paar Augenblicke die Stimme, „Sie würden ein kleines Kühlhaus bauen, vielleicht eine Räucherei, später eine Marinadenfabrik, mit einem eigenen Hubschrauber rundfliegen, die Fischschwärme ausmachen und Ihren Kuttern per Funk Anweisung geben. Sie könnten die Lachsrechte erwerben, ein Fischrestaurant eröffnen, den Hummer ohne Zwischenhändler direkt nach Paris exportieren - und dann. . .", wieder verschlägt die Begeisterung dem Fremden die Sprache. Kopfschüttelnd, im tiefsten Herzen betrübt, seiner Urlaubsfreude schon fast verlustig, blickt er auf die friedlich hereinrollende Flut, in der die ungefangenen Fische munter springen. „Und dann", sagt er, aber wieder verschlägt ihm die Erregung die Sprache.

Der Fischer klopft ihm auf den Rücken, wie einem Kind, das sich verschluckt hat. „Was dann?" fragt er leise.

„Dann", sagt der Fremde mit stiller Begeisterung, „dann könnten Sie beruhigt hier im Hafen sitzen, in der Sonne dösen - und auf das herrliche Meer blicken." „Aber das tu ich ja schon jetzt", sagte der Fischer, „ich sitze beruhigt am Hafen und döse, nur Ihr Klicken hat mich dabei gestört."

Tatsächlich zog der solcherlei belehrte Tourist nachdenklich von dannen, denn früher hatte er auch einmal geglaubt, er arbeite, um eines Tages einmal nicht mehr arbeiten zu müssen, und es blieb keine Spur von Mitleid mit dem ärmlich gekleideten Fischer in ihm zurück, nur ein wenig Neid.

Erfolg durch den Augenblick
(Seien Sie präsent)

Ein Zen-Meister wurde von seinen Schülern einmal gefragt: „Meister, woher nimmst du eigentlich deine unendliche Gelassenheit?" „Dies ist ganz einfach" antwortete er, „Wenn ich gehe, dann gehe ich, wenn ich esse, dann esse ich und wenn ich spreche, dann spreche ich!" „Aber Meister," entgegneten ihm seine Schüler, „dies tun wir doch auch!" „Nein", sprach der Meister, „wenn ihr geht, dann denkt ihr schon an das Essen, und wenn ihr esst, sind eure Gedanken beim Gespräch!"

Die Leistung des Verkaufens

Leistung wird zum Wert, wenn sie verkauft ist.

Die Geschichte eines jungen Verkäufers:

Ein junger Mann zieht in die Stadt und geht zu einem sehr großen Kaufhaus, um sich dort nach einem Job umzusehen. Manager: „Haben Sie irgendwelche Erfahrungen als Verkäufer?" Junger Mann: „Klar, wo ich herkomme, war ich Verkäufer!" Der Manager findet den jungen Mann sympathisch und stellt ihn ein. Der erste Arbeitstag ist hart, aber er meistert ihn. Nach Ladenschluss kommt der Manager zu dem jungen Mann: „Wie vielen Kunden haben Sie heute etwas verkauft?" Junger Mann: „Einem"! Manager: „Nur einem??? Unsere Verkäufer machen im Schnitt 20 - 30 Verkäufe pro Tag! Wie hoch war Ihre Verkaufssumme?" Junger Mann: „154.342,54 Euro"! Manager: „154.342,54 Euro??? Was haben Sie dem denn verkauft?" Junger Mann: „Zuerst habe ich dem Mann einen kleinen Angelhaken verkauft, dann einen zweiten kleinen und danach noch einen großen Angelhaken! Schließlich kaufte er dann noch eine Angelrute. Ich fragte ihn dabei, wo er denn angeln ginge, worauf er antwortete, dass es wohl das Mittelmeer werden würde. Da sagte ich ihm, dass er dort ein Boot bräuchte. Wir gingen in die Bootsabteilung und ich verkaufte ihm die kleine Cross Craft mit Außenborder. Er bezweifelte daraufhin, dass sein Honda Civic das Boot ziehen könne, worauf ich dem Kunden in unserer KFZ-Halle den großen Pajero zeigte. Den nahm er auch mit!"

Manager: „Sie wollen damit sagen, ein Mann kam zu Ihnen, um einen Angelhaken zu kaufen und Sie haben ihm zusätzlich Angel, Boot und Geländewagen verkauft???" Junger Mann: „Nein, nein! Er kam in unser Haus und wollte eine Packung Tampons für seine Frau kaufen, also sagte ich zu ihm: „Nun, wo Ihr Wochenende doch sowieso schon im Eimer ist, könnten Sie doch auch angeln gehen"!

161

Zeit und LebensBalance

Der wohl wichtigste Faktor, wenn es um unsere LebensBalance geht, ist der Faktor Zeit. Weil wir anscheinend nicht genug davon haben, oder immer zu wenig, entsteht Zeit-Not.

Die reichen Menschen von heute leiden dennoch unter Armut – sie sind arm an Mut, ihre Zeit für die Dinge zu verwenden, die ihnen eigentlich am wichtigsten sind. Menschen werden arm an Zeit, an Liebe, an Freude, an Beziehungen und an schönen Stunden des Lebens.

Zeit-Inspirationen

- Zeit ist Leben.

- Die Zeit ist gerecht verteilt.

- Jeder hat gleich viel Zeit - 24 Stunden - 365 Tage.

- Zeit ist unwiederbringlich.

- Zeit kann weder geliehen noch gespart werden.

- Alles hat seine günstigste Zeit.

- Wer zu spät kommt, den bestraft das Leben. (Gorbatschow)

- Mangelnde Rücksichtnahme auf die richtige Geschwindigkeit schadet.

- Zeit zu haben fördert die Liebe.

- Du kannst nicht planen, genau pünktlich zu sein. Höchstens zu früh oder zu spät.

- Zeitplanung sollte jeden Tag geschehen (15 Min. für dein Leben).

- Sei nicht Sklave deiner Zeitplanung.

- Verplane nicht deine ganze Zeit.

- Plane Freiraum ein.

- Gib nicht deinen Terminen Prioritäten, sondern deinen Prioritäten Termine. (Covey)

- Operative Hektik produziert Fehler, die zu noch mehr Hektik führen.

- Schlafe über eine wichtige Entscheidung.

- Nimm dir Zeit für Menschen.

- Du kannst nicht schnell mit Menschen sein.

- Ein Augenblick der Ungeduld kann eine ganzes Leben ruinieren.

- Du lernst mehr Menschen kennen, wenn du keine Uhr trägst.

- Nütze die Zeit beim Autofahren mit Singen oder Lernen durch Hörbücher.

- Sieh weniger fern.

- Termine zerreißen den Tag.

- Lege Termine auf den Morgen oder Abend.

- Hebe alte Kalender auf.

- Schreibe jeden Tag Tagebuch.

- Wenn du zum ersten Mal zu einer neuen Adresse musst, dann plane eine Pufferzeit ein.

- Was schnell kommt, verschwindet auch schnell, was lange bleiben wird, kommt langsam.

- Die meiste Zeit gewinnst du, wenn du geschickt NEIN sagen kannst.

- Je älter du wirst, um so schneller vergeht die Zeit.

- Es ist leicht, die Zukunft vorauszusagen, wenn du sie selbst bestimmen kannst.

- Die Tätigen haben am meisten Zeit, die Faulsten am wenigsten.

Gib nicht deinen Terminen Prioritäten,
sondern deinen Prioritäten Termine.

Stephan Covey

163

Über den Umgang mit der Zeit

Die Zeit ist der Stoff, aus dem unser Leben ist. Wirklich Zeit zu haben gilt für die meisten erfolgreichen Menschen als Luxus. Warum verschwenden wir aber so viel unserer Zeit?

Bewusstsein
- Einstellung -

Methode
- Denken -
- Fühlen -

Technik
- Handeln -

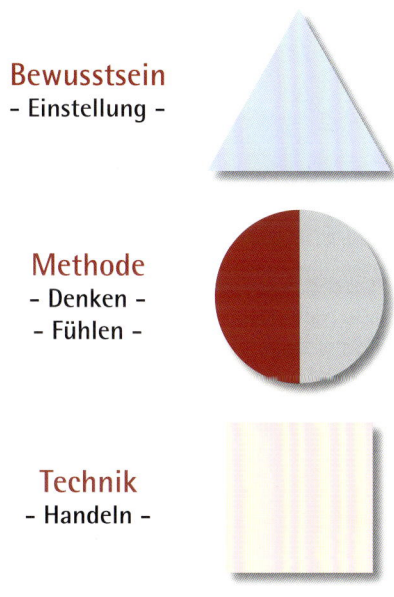

Zeitverschwendung

Bewusstsein:
- Wertigkeit der Zeit
- Zielloses Handeln
- Perfektionismus
- Nicht „Nein" sagen können

Methode:
- Fehlende Planung
- Keine Prioritäten
- Vieles auf einmal tun wollen
- Ablenkungen
- Besprechungen
- Besuche / unnötige Termine
- Selbstdisziplin

Technik:
- Operative Hektik
- Aufschieben
- Überhäufter Schreibtisch
- Fehlende Routine
- Fehlendes Werkzeug

Intensivierung des Lebensbereiches Firma

Wann haben Sie zuletzt...

- sich mit dem Nutzen beschäftigt, den Sie persönlich anderen bieten?

- sich mit dem Nutzen Ihres Unternehmens beschäftigt?

- mehr getan, als von Ihnen verlangt wurde?

- voll Stolz auf Ihre Arbeit gesehen und sich darüber gefreut?

- klar die Ziele definiert, die für Ihren Erfolg wichtig sind?

- das Gefühl gehabt etwas wirklich Gutes und Sinnvolles zu hinterlassen?

- einen Kunden erstaunt?

- einen Mitarbeiter positiv verblüfft?

- ein Projekt rechtzeitig und mit Erfolg abgeschlossen?

- auf einen wirklich produktiven Tag zurückgeblickt?

- einen Erfolg so richtig gefeiert?

- Ihre Zeiteinteilung im Griff gehabt?

- ein anerkennendes Lob bekommen?

Es gibt sehr viel, was wir für „unsere eigene" Firma tun können. Auch wenn Sie kein Unternehmen besitzen, so sind Sie selbst immer ein „Unternehmen". Sie haben Zeit, Wissen und Fähigkeiten. Diese für eine zielgerichtete Gestaltung Ihrer Zukunft einzusetzen und dabei die sich jeweils ergebende Situation zu berücksichtigen, ist alles, was eine Firma ausmacht.

Seien Sie Ihre eigene Firma !

Jenseits der Diskussionen um eine Ich-AG, als Unwort des Jahres: Hier kommt es auf die eigene Einstellung an, und da wir Menschen die Wahl haben, einen positiven Beitrag zu leisten oder nicht, haben wir damit die Wahl, ein erfolgreiches oder weniger erfolgreiches Unternehmen zu sein, das sich entweder durch Spitzenleistung auszeichnet oder durch Mittelmäßigkeit – so wie die richtigen Unternehmen auf dem Markt.

Fortbildung
(Der Weg von Seele und Geist)

Jeder von uns sollte ins Lernen verliebt sein, und dieser Wunsch nach Weiterentwicklung sollte uns erhalten bleiben, solange wir atmen.

Sir Michael Grylls

Die Warnlampen des „fehlenden" Lebensbereiches Fortbildung (Schule):

- Unzufriedenheit mit der gegenwärtigen Bildungssituation

- Bewundernde Anerkennung anderer „gebildeter" Menschen

- Fehlende Lösungen für wichtige Lebensfragen

- Fehlende Lösungen für fachliches Fortkommen

- Wunsch nach Weiterbildung

- Wunsch, in Ruhe ein Buch lesen zu können

- Wunsch nach neuen Fähigkeiten

- Das Gefühl, auf der Stelle zu stehen

- Wunsch, bei wichtigen kulturellen, politischen oder gesellschaftlichen Themen mitreden zu können

- Sehnsucht nach der eigenen Persönlichkeit

Unsere Wünsche weisen uns den Weg zu dem, was wir leisten könnten. Auch was wir lernen könnten. Für viele Menschen bleibt es oft nur ein Wunsch, weil sie sich zu wenig zutrauen. Ein Grundanliegen des Menschen ist es, sich weiter zu entwickeln. Daher ist dieser Bereich auch der Anteil des Geistes, der aus der Seele hervorgeht. Alle Lebensbereiche sind in diesem Lebensbereich der Fortbildung und Fortentwicklung mit einbezogen. Es ist eine unserer Lebensaufgaben, die jeder Mensch mit auf diese Welt bringt. Erfahrungen zu sammeln und zu lernen, um das eigene Leben dazu zu verwenden, anderen einen Nutzen zu bieten. Diesen Nutzen müssen wir uns aber zuerst erarbeiten und ein Leben lang verfeinern. Auch kann heute nicht mehr die Rede davon sein, dass wir in jungen Lebensjahren etwas lernen, um es dann ein Leben lang anzuwenden,

ohne weiter lernen zu müssen. Bei dem sich heute rasant entwickelnden Wissen, wird das Lernen eine immer größere Bedeutung bekommen.

Der zweite Lebensbereich ist eine Kombination aus Seele und Geist im Sinne der persönlichen und fachlichen Weiterentwicklung. Selbstverständlich betrifft dies auch alle anderen Lebensbereiche und macht deutlich, dass LebensBalance kein starres und dogmatisches Modell ist und auch nicht sein kann, da das Leben fließt. Es ist eine Hilfe, die uns Achtsamkeit gegenüber allen Bereichen des Lebens nahe bringen will.

Und die Fortbildung ist ein eigener Bereich, ganz gleich, ob wir diese Zeit für Bücher, Kassetten, Lehrvideos, Internetkurse oder Seminare verwenden. Oder ob wir eine neue künstlerische Fertigkeit erlernen, ein Musikinstrument, die Fähigkeit zu malen oder zu gestalten. Für manche ist es eine neue Sprache, für andere eine handwerkliche Fähigkeit.

Noch nie gab es so viele Möglichkeiten und einen so leichten Zugang zu Wissen, wie in unserer heutigen Zeit. Noch nie war es allerdings auch so notwendig, sich permanent weiterzubilden.

Auch die Entwicklung der eigenen Persönlichkeit im ganzen gehört zu diesen Bereichen, denn ob Bewusstsein, Wissen oder Fähigkeit, alles trägt dazu bei, dass wir uns weiterentwickeln. Eine spannende Herausforderung der Gegenwart ist es, mit dem Bewusstsein zu leben, ein Leben lang zu lernen.

Die Wissensentwicklung macht so rasante Fortschritte, dass wir nur noch schwerlich von dem Status „gebildet" sprechen können. Das was wir gestern wussten, ist in vielen Bereichen heute bereits überholt. Aber es gibt in der persönlichen Entwicklung auch die „alten Werte", Weisheiten, Ethik und Moral. Diese gilt es wieder zu entdecken und kunstvoll mit modernem Wissen zu kombinieren. So treten wir in ein neues Jahrtausend der Bewusstseinserweiterung ein und machen uns auf eine wunderbare Reise.

Ein junger Mann betrat im Traum einen Laden. Hinter der Theke stand ein älterer Mann. Hastig fragte er ihn: „Was verkaufen Sie, mein Herr?" Der Weise antwortete freundlich: „Alles, was Sie wollen." Der junge Mann begann aufzuzählen: „Dann hätte ich gerne die Welteinheit und den Weltfrieden, die Abschaffung von Vorurteilen, Beseitigung der Armut, mehr Einheit und Liebe zwischen den Religionen, gleiche Rechte für Mann und Frau und... und..." Da fiel ihm der Weise ins Wort: „Entschuldigen Sie, junger Mann, Sie haben mich falsch verstanden. Wir verkaufen keine Früchte, wir verkaufen nur den Samen."

In Peseschkian: „Auf der Suche nach Sinn"

Bücher

Es gibt viele Wege, auf denen wir unsere Fortbildung und Weiterentwicklung pflegen können. Einer der ältesten und wertvollsten dieser Wege verbirgt sich in einem guten Buch.

Es sind, ausgenommen bei reinen Sachbüchern, oft die Worte zwischen den Zeilen, die in unserem Kopf entstehen. Ein gutes Buch will zum Denken anregen, zum gedanklichen Dialog und bewirkt dabei manchmal eine Änderung der Denkrichtung. Auch entstehen zwischen den Zeilen Ideen, die oft unbezahlbar sind.

Bücher können die Welt verändern und auch heilig sein. Die Bibel als Buch der Bücher ist dafür der beste Beweis.

Erfolgreiche Menschen verbringen oft viel Zeit mit dem Lesen von guten Büchern.

Lesen ist das Fundament unseres Wissens. Viele Lösungen, an denen Sie derzeit noch schwer arbeiten, stehen bereits in irgendeinem Buch geschrieben. Je mehr wir unser Wissen und unsere Fähigkeiten erweitern, desto einfacher wird die Lösbarkeit unserer Probleme.

Legen Sie sich eine Bücherliste zu, in der Sie gute Buchempfehlungen ebenso eintragen, wie einen Plan, wann Sie welches Buch lesen wollen. Auch der Lebensbereich Fortbildung braucht Klarheit. Was will man wirklich lernen ?

Ich selbst zähle die Bücher nicht mehr, die ich jedes Jahr lese, da nicht die Quantität entscheidet, sondern die Qualität. Ich empfinde es als schmerzlich, dass immer mehr Bücher auf den Markt geworfen werden, die nichts anderes als eine Kopie anderer Bücher darstellen, oder eine Kombination aus zwei Titeln, die auch noch wortwörtlich abgeschrieben sind. Manche von diesen Autoren erhalten dann sogar „Guru-Status" (dazu gleich mehr) und finden sich viele Wochen auf den Bestsellerlisten. Auch Autoren sind eitel. Vieles immer seichter werdende ist nicht zum Nutzen für die Leser, sondern allein zum Nutzen der Autoren. Populis-

tisches Publizieren könnte man so etwas nennen. Fragen Sie sich offenen Herzens, was die egomanischen Selbstdarstellungen eines Effenbergs, Bohlens, ... Ihnen für Ihr Leben wirklich bringt. Dies ist keine Bewertung dieser Menschen, die ich nicht kenne und auch keine Bewertung der Bücher, die ich nicht gelesen habe. Mir scheint allerdings, dass hier einfach die Artikel der Regenbogenpresse der letzten Jahre gesammelt, als Buch veröffentlicht und von einem beauftragten Schreiber zusammengefasst wurden und so plötzlich Menschen zu Buchautoren werden. Die Quantität schlägt viel zu oft die Qualität. Seien Sie sich dessen bewusst.

Was kann mir dieses Buch nutzen?

Wenn Sie sich also Zeit für ein gutes Buch nehmen, so werden Sie pro Seite je nach Buch zwischen einer und zwei Minuten brauchen, also bei 200 Seiten gute drei bis knappe sieben Stunden. Wie viele Stunden sehen Sie jede Woche fern? Könnte es sein, dass Sie stattdessen 1-2 Bücher lesen? Das wären 50-100 Bücher im Jahr!
Wenn dies auch noch richtig gute Bücher sind, dann verändern diese Ihr Leben.

Bücher haben Ehrgefühl. Wenn man sie verleiht, kommen sie nicht mehr zurück.
Theodor Fontane

Noch ein Tipp für das Gespräch mit Menschen, die sie gerade kennen lernen. Unterhalten Sie sich weniger über das Wetter (das können sie sowieso nicht ändern) und unterhalten Sie sich mehr über Bücher. Fragen Sie nach den drei beeindruckendsten Büchern, die ein anderer Mensch gelesen hat und...

... Seien Sie offen für Neues !

Ein Buch, das man liebt, darf man nicht leihen,
sondern muss es besitzen.

Friedrich Nietzsche

Seminare

Wenn Sie wirklich umfangreiches und komprimiertes Wissen, aber vor allem die Vernetzung und Anwendung dieses Wissens suchen, sind Seminare unverzichtbar. In Seminaren werden alle Sinne angesprochen und oft eigene Problematiken direkt bearbeitet und häufig sogar gelöst. Sicher gibt es auch Seminare, in denen nur der Inhalt eines Buches vermittelt wird. Diese Seminare sind in der Regel günstig und dennoch zu teuer.

Manche Seminare sind teuer, aber ihr riesiger Nutzen steht in keinem Vergleich zu dem Geld, das sie kosten. In solchen Seminaren haben Sie Menschen vor sich, die praktische Erfahrung haben und die Ihnen aus dem wirklichen Leben berichten können. In Büchern entsteht gar zu gerne eine heile Welt, die sich oft schwer auf den eigenen Alltag übertragen lässt. Gute Seminare, die eben ihren Preis kosten, zeichnen sich dadurch aus, dass Sie Fragen stellen können und der Referent direkt auf diese Fragen eingehen kann, eben weil es nicht um eine Theorie geht, sondern um die praktische Anwendung.

Die wichtigen Momente in einem Seminar sind die Gedankenblitze, die Ihnen selbst durch den Kopf gehen, angeregt durch ein schönes Seminarambiente, durch interessante Menschen, die mit Ihnen zusammen das Seminar besuchen, durch die praktischen Beispiele und die Erfahrungen des Referenten. Dies alles muss von höchster Qualität sein, sonst verschwenden Sie nicht nur Geld, sondern vor allem Ihre Zeit. Daher sind wirklich gute Seminare auch teuer. Geben Sie sich hier nicht mit Zweitbestem zufrieden oder besuchen einfach eine billige Kopie – jedes Seminar ist kopierbar, jedoch lässt sich der Wert eines guten Seminars nicht einfach kopieren, da sehr viel Wesentliches und genau für Sie Relevantes oft verloren geht. Ähnlich wie bei den Büchern hat der Seminarmarkt in den letzten Jahren hier sehr gelitten. Ebenso wie bei Büchern gibt es mehr Quantität und Kopien, als Qualität und Originale.

Überlegen Sie sich, was Ihre Zeit und Ihr Geld wert sind und gehen Sie zu den Originalen. Eine Lebensregel lautet, wer sich mit dem Zweitbesten zufrieden gibt, wird auch nur das Zweitbeste erreichen.

Menschen, die sich entwickeln wollen, und Menschen, die sich in Führungspositionen oder sogar in der Unternehmerrolle befinden, sollten mindestens auf 3-4 Seminare im Jahr gehen. Es geht schließlich darum, täglich Probleme zu lösen und nicht immer wieder dieselben Fehler zu begehen. Es geht um sehr viel Kompetenz und Fähigkeiten für die Führung des eigenen Lebens, anderer Menschen und eines Unternehmens. Sehr viel Geld geht verloren oder wird erst gar nicht verdient, weil hier große Fehler gemacht werden.

Es ist ein Beweis hoher Bildung, die größten Dinge auf die einfachste Art zu sagen.

Ralph Waldo Emerson

In meinen Seminaren ist mir die praktische Umsetzbarkeit von großer Bedeutung, denn was nützt uns Wissen, wenn wir es nicht umsetzen können, was nützt Theorie ohne Praxis?

Als ein Beispiel von vielen sei ein Unternehmen erwähnt, das aufgrund des Seminars Unternehmer-Energie die eigene Umsatzrendite von 3,6 % auf 8,2 % gesteigert hat. Konkret bedeutete dies 300.000 Euro pro Jahr. Es war ganz sicher nicht das Seminar allein, sondern nur der Anstoß, der aber bewirkte, dass die konsequente Umsetzung der Seminarinhalte zu diesem überragenden Erfolg geführt haben.
War das Seminar sein Geld wert?

Gute Seminare zahlen sich mehrfach bereits im ersten Jahr wieder aus, ganz egal was sie kosten. Schlechte Seminare zahlen sich nicht aus, ganz egal wie billig sie sind.

Es ist nichts schrecklicher, als ein Lehrer, der nicht mehr weiß, als die Schüler ebenfalls wissen sollen. Wer andere lehren will, kann wohl oft das Beste verschweigen, was er weiß, aber er darf nicht halbwissend sein.

Johann Wolfgang von Goethe

Gurus

Wir alle sind Schüler und Meister zugleich. Wir neigen aber immer noch dazu, andere Menschen auf ein Podest zu stellen, um sie wenig später wieder runter zu stoßen. Es gibt nur einen großen Lehrer: Das Leben selbst.
Alle anderen Lehrer sind seine Gehilfen.
Abenteuer Business, von Ralf Nemeczek & Isabelle Sonntag

Ein paar Worte vorab von jemanden, der sich seit einigen Jahren sehr intensiv mit der sogenannten Trainer-Szene Deutschlands beschäftigt. Um Ihnen Impulse für LebensBalance zu geben, sollten Sie einige Erfahrungen beachten:

- Sie sind nicht perfekt!

- Derjenige, der Ihnen etwas bringen will, ist es auch nicht!

- Glauben Sie nicht alles!

- Glauben Sie nicht jedem!

- Bewahren Sie sich den Bibelspruch: „… an ihren Früchten werdet ihr sie erkennen"

- Schauen Sie auf die Ergebnisse

- Seinen Sie vorsichtig mit „Päpsten"

- Menschen werden leichtfertig zu „Gurus" oder „Päpsten" gemacht und haben von „ihrem" Thema keine Ahnung

Die Beispiele sind vielfältig:

Money-Coaches, die selber pleite gingen.

Selbsternannte Unternehmens-Finanzexperten, die außer einer großen Pleite und betrogenen Anlegern nicht viel vorweisen können.

Marketingexperten, die nicht sich selbst vermarkten können. Unternehmensberater, die selber kein Unternehmen führen konnten. Erfolgstrainer hinter Gittern.

Und andere „Päpste", deren einzige „Leistung" darin besteht, abzuschreiben, oder gefährliche Ratschläge zu geben.

Die Liste könnte wohl beliebig fortgesetzt werden. Der Trainings- und Seminarmarkt hat groteske Züge angenommen und daher auch einiges an Vertrauen verspielt. Seien Sie vorsichtig und geben Sie sich bitte nicht mit dem Zweitbestem zufrieden.

Es geht schließlich um Ihr Leben!

Ich will an dieser Stelle keine Wertung zu Personen abgeben, die ich oft nicht einmal persönlich kenne und auch gar nicht kennen lernen will. Ich bin eher ein Beobachter, der das beschreiben möchte, was er sieht, und es anders machen will. Ich weiß, dass dies eine große Aufgabe ist – Teil meiner Vision – denn ich kann von mir sagen, dass ich Arzt aus Berufung geworden bin. Zwar stehe ich nicht mehr am OP-Tisch, jedoch steht mein Leben nach wie vor im Dienste der Menschen.

Achten Sie auf die Umsetzbarkeit des Ihnen angebotenen Wissens.

Achten Sie auch auf Ihr Bauchgefühl, denn der Kopf lässt sich blenden, der Bauch schlägt Alarm.

Gerade das Thema LebensBalance, dass sich wachsender Beliebtheit erfreut, ist ein Thema, zu dem es zwar viel Theorie gibt, aber nur wenige Menschen, die wirklich ein Leben in Balance führen.

Ein Leben lang lernen in Balance zu leben!

Das ist die Herausforderung, der ich mich gestellt habe, und ich glaube auch, der Sie sich gestellt haben. Lassen Sie uns daran arbeiten – jeden Tag aufs Neue.

Wir haben viel seltener ein Wissensproblem
als ein Umsetzungsproblem.

175

Sei du selbst und lebe dein Leben!

Die größte Aufgabe, die uns das Leben stellt, ist es, der Mensch zu sein, der wir wirklich sind. Es ist ein langer Weg zu uns selbst und eine Suche unserer eigenen Bestimmung – nennen wir sie Vision.

Jede wahre Vision hat dabei eine große positive Absicht für die Welt. An diesem Punkt angekommen, leben wir die Bestimmung unserer Seele. Wir haben hier den Sinn unseres Lebens gefunden. Kein Hindernis wird uns fortan zu hoch sein, denn wir haben die Gewissheit auf dem richtigen Weg zu sein.

Wir strahlen dann aus, was in uns ist – wir leben unser ureigenes Charisma.

Hier zeigt sich auch, wie schwer und häufig falsch es ist, Menschen Tipps und Tricks für mehr Erfolg zu geben – ja es ist oft sogar unsinnig, denn es entspricht nicht dem individuellen Sinn desjenigen, dem wir „helfen" wollen.

Wenn wir also die Fortbildung und Weiterentwicklung von Menschen fördern wollen, so können wir ihnen lediglich dadurch dienen, den eigenen Weg zu finden. Diese Aufgabe beginnt bei uns selbst und wir werden feststellen, dass diese Aufgabe schwieriger ist, als uns so manche Erfolgs-Gurus weismachen wollen.

Eine Grundthese des Lebens in Balance lautet daher:

Wahres Glück entsteht, indem ich meine Talente zum Wohl anderer Menschen einsetze und ihnen durch mein Leben einen wirklichen Nutzen biete.

Oder wie es mein Freund Karl Pilsl in seinem Buch „Die Naturkonforme Strategie" ausdrückt:

„Es ist nicht so wichtig, was wir haben, es ist viel wichtiger, was wir tun. Es ist aber nicht so wichtig, was wir tun, es ist noch viel wichtiger, zu wissen, wer wir sind."

Verstecke deine Talente nicht.
Sie wurden dir gegeben, damit du sie benutzt.
Was nutzt schon eine Sonnenuhr, die im Schatten steht.

Benjamin Franklin

Intensivierung des Lebensbereiches Fortbildung

Wann haben Sie zuletzt...

- regelmäßig eine Zeitung gelesen ?
- ein Wissensmagazin abonniert und regelmäßig gelesen?
- einen Dokumentarfilm gesehen?
- ein wissenschaftliches Buch gelesen?
- eine Internetsuche zu einem Thema, das Sie interessiert, unternommen?
- ein Wort nachgesehen, dass Sie nicht kannten?
- eine Konferenz besucht, deren Inhalt Sie interessiert?
- ein Hörbuch während einer Autofahrt gehört?
- mit Menschen über ein interessantes Thema diskutiert?
- in einer Bücherei gestöbert?
- ein Seminar besucht?

Es gibt sehr viel, was wir für unsere eigene Fortbildung tun können. Mit einem Teilnehmer, den ich vor kurzem in einem Seminar kennenlernte, diskutierte ich über Teile des Seminarinhaltes, die er anscheinend aufsaugte und sofort auf sein Unternehmen übertragen wollte! Er erzählte mir, dass er sich schon intensiv mit Büchern und Hörkassetten vorbereitet hätte und ihm nun das Seminar eine Zusammenfassung und vor allem Umsetzung seines angehäuften Wissens bot. Durch ständige Weiterentwicklung blieb er offen für neue Ideen der Umsetzung.

Lerne den Umgang mit Menschen, Freude, Kampf, Wasser, Feuer, Computer, Fahrrad, Internet, Federball, Kochen, Telefon, Auto, Musik, Foto, Gitarre, Stimme, Wort, Zuhören, Reisen, Zeit, Gesundheit, Zufriedenheit, Geld, Gefahr, Macht, Bibliotheken, Religion, Sex und Liebe, Kindern, Geduld, Höflichkeit, Schlaf, Angst, Tod, Dummheit, Spaß... und vieles, vieles mehr.

Das Leben ist so schön!

Unsere größte Angst ist nicht, unfähig zu sein.
Unsere größte Angst ist, über grenzenlose Fähigkeiten zu verfügen.
Es ist unser inneres Licht und nicht unsere innere Dunkelheit, die uns am meisten Angst bereitet.

Wir fragen uns selber: Wer bin ich schon, dass ich es verdient habe, brillant, schön, talentiert oder einzigartig zu sein?

Aber eigentlich müsste es heißen:
Wer bist du, dass du es nicht verdient hast?
Du bist ein Kind Gottes.
Die Unterdrückung deiner Fähigkeiten nützt der Welt nichts.

Es gibt nichts Inspirierendes an dir, wenn du dich selbst beschränkst, nur damit sich andere Menschen nicht unsicher in deiner Umgebung fühlen.
Wir alle sind dazu bestimmt zu leuchten, genauso wie es die Kinder tun.

Es steckt nicht nur in einigen von uns, sondern es steckt in jedem von uns.
Und wenn wir beginnen, unser inneres Licht scheinen zu lassen, geben wir unbewusst anderen Menschen die Erlaubnis, das Gleiche zu tun.

Genauso wie wir uns von unserer Angst befreit haben, befreit unsere bloße Anwesenheit so unsere Mitmenschen.

Nelson Mandela

180

Man entdeckt keine neuen Kontinente,
ohne den Mut zu haben,
alte Küsten aus den Augen zu verlieren.
Andre Gide

Desiderata

Gehe ruhig und gelassen durch Lärm und Hast, und sei des Friedens eingedenk, den die Stille bergen kann. Vertrage dich mit allen Menschen, möglichst ohne dich ihnen auszuliefern.

Äußere deine Wahrheit ruhig und klar, und höre anderen zu, auch den Geistlosen und Unwissenden; auch sie haben ihre Geschichte.

Meide laute und aggressive Menschen. Für den Geist sind sie eine Qual. Wenn du dich mit anderen vergleichst, könntest du bitter werden und dir nichtig vorkommen, denn es wird immer Menschen geben, die größer oder geringer sind als du.

Freue dich deiner Leistungen wie auch deiner Pläne. Bleibe weiter an deinem eigenen Weg interessiert, wie bescheiden er auch sei. Im wechselnden Glück der Zeiten ist er ein echter Besitz. In deinen geschäftlichen Angelegenheiten lasse Vorsicht walten, denn die Welt ist voller Betrug. Doch soll das dich nicht blind machen für vorhandene Rechtschaffenheit.

Viele Menschen bemühen sich, hohen Idealen zu folgen, und überall ist das Leben voller Heldenmut.

Sei du selbst. Vor allem heuchle nicht Zuneigung. Und sei, was die Liebe anlangt, nicht zynisch. Denn trotz aller Dürre und Enttäuschung ist sie doch ewig wie das Gras.

Nimm freundlich-gelassen den Ratschluss der Jahre an, und gib mit Würde die Dinge der Jugend auf. Stärke die Kraft des Geistes, damit er dich bei unvorhergesehenem Unglück schütze. Aber quäle dich nicht mit Gedanken. Viele Ängste kommen aus Ermüdung und Einsamkeit.

Neben einem gesunden Maß an Selbstdisziplin sei gut zu dir. Du bist nicht weniger ein Kind des Universums als es die Bäume und die Sterne sind; du hast ein Recht, hier zu sein. Und, ob dies dir klar ist oder nicht.

Kein Zweifel besteht, dass das Universum sich so entfaltet, wie es sich entfalten soll.

Darum lebe in Frieden mit Gott, wie auch immer du IHN verstehst. Was auch immer dein Mühen und dein Sehnen ist: Halte in der lärmenden Wirrnis des Lebens mit deiner Seele Frieden.

Trotz aller Falschheit, trotz aller Mühsal und all der zerbrochenen Träume ist es dennoch eine schöne Welt.

Sei fröhlich.

Und strebe danach, glücklich zu sein.

Max Ehrmann, 1927 (siehe Anhang)

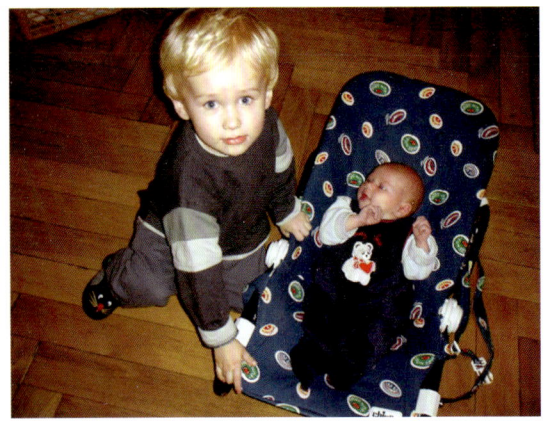

**Als du geboren wurdest haben alle gelächelt,
aber du hast geweint.**

**Lebe dein Leben so, dass wenn du stirbst,
alle weinen, aber du lächelst.**

- Asiatische Weisheit -

Chiang, der Lehrmeister der Möwe Jonathan sagte: „Um in Gedankenschnelle zu fliegen, ganz gleich an welchen Ort, musst du schon vor Beginn wissen, dass du bereits dort angekommen bist."

Mit Ihrer LebensBalance ist es genauso, stellen Sie es sich genau vor, wie es sein soll, Ihr Leben in Balance, und Sie werden dort ankommen.

Mögen der Segen Gottes, Gesundheit, Gelassenheit und Glück Ihre Wegbegleiter sein.

Leben Sie Ihr Leben, leben Sie es gut, leben Sie es voll Freude, und leben Sie es in Balance.

Ihr Cay von Fournier

Danksagung

Jedes Buchprojekt ist wie ein geistiges Kind, an dem hoffentlich möglichst viele Leser sehr viel Freude haben werden und zu dessen Geburt sehr viele besondere Menschen einen Beitrag geleistet haben. Bei allen möchte ich mich an dieser Stelle ganz herzlich bedanken. Mein besonderer Dank gilt meiner Frau Korinna, die mich zu jeder Zeit geistig und liebevoll trägt und somit maßgeblich zu „meinen" Erfolgen beiträgt. Erfolg ist nie das Werk eines Einzelnen, sondern immer Teamwork - dass meine Familie ein so wundervolles Team ist, dafür bin ich Gott von ganzem Herzen und mit ganzer Seele dankbar.

Auch meine persönliche LebensBalance ist nicht immer so wie sie sein soll und wie ich sie gerne hätte - ich bin ein Lernender, so wie meine Leser und meine Seminarteilnehmer. Uns gegenseitig auf dem Weg zu begleiten, jeden Tag ein klein wenig besser zu sein, etwas mehr in Balance, das ist ein schönes Ziel - begleiten Sie mich auf diesem Weg.

Danken möchte ich meiner Schwiegermutter, die ich sehr liebe und die immer wieder zeigt, dass diese Form von Verwandtschaft ein ganz falsches Image hat. Herzlichen Dank für die Geduld und die sprachliche Überarbeitung meiner Werke. Danke Hilmar Wollner, meinem „internen" Verleger, für die viele gute Arbeit, und Herrn Alexander Schorsch und seinem Team für die zeitnahe Produktion. Ein sehr großer Dank an mein wundervolles SchmidtColleg-Team - ich fühle mich geehrt und privilegiert, mit solchen Menschen zusammenarbeiten zu dürfen (einen besonderen Dank an Sabine Müller für die Geduld - du weißt was ich meine) und an Alexia Dietz.

In großer Freude am Leben in Balance und mit dem größten Dank an Sie - meine Leser - möge dieses Buch einen sehr schönen Beitrag zu Ihrem Leben leisten, indem Sie den einen oder anderen Gedanken mit Leben füllen - vielleicht schon ab heute.

Cay von Fournier

Literatur

Nachfolgend habe ich, soweit möglich, die Quellen der Zitate zusammengestellt.
Zusätzlich habe ich meine ganz persönlichen Buchempfehlungen zum Thema LebensBalance beigefügt.

Carr, Allen, Endlich Nichtraucher!
Goldmann Verlag 1992

Covey, Stephen R., Der Weg zum Wesentlichen,
Campus Frankfurt 1997

Laotse, Tao Tehing, Die sieben Wege zur Effektivität,
Campus Frankfurt 1992

Münchhausen, Marco von, Die vier Säulen der Lebensbalance,
Econ 2003

Ehrmann, Max (1872-1945), Desiderata 1927,
Crown Publishers

Fournier, Cay von, Charisma,
Schmidt Verlag, 2000

Fournier, Cay von, LebensStrategie,
Schmidt Verlag, 2001

Grieshammer, Margit, Das Geheimnis der Ausstrahlung,
Schmidt Verlag, 2000

Gibran, Khalil, Der Prophet,
Walter Verlag, 34. Aufl. 1998

Nemeczek, Ralf & Sonntag, Isabella, Abenteuer Business
Wu Wei Verlag, 2001

Peseschkian, Nossrat, Auf der Suche nach Sinn
Fischer Verlag, 1995

Peseschkian Nossrat, Wenn du willst, was du noch nie gehabt hast, dann tu, was du noch nie getan hast.
Herder Verlag, 2002

Welch, Jack, Business is simple,
Verlag Moderne Industrie, 2002

Herrmann, Ned, Das Ganzhirnkonzept für Führungskräfte,
Ueberreuter Verlag 1997

Herrmann, Ned, Kreativität und Kompetenz,
PAIDIA Verlag

Könner, Daniel E., Carpe vitam,
Volk Verlag München 2003

Pilsl, Karl, Die Naturkonforme Strategie,
Verlag Gute Nachricht 2003

Bach, Richard, Die Möwe Jonathan,
Ullstein Frankfurt 1972

Einstein, Albert, Mein Weltbild,
Ullstein Frankfurt 1993

Dalai Lama, Im Einklang mit der Welt,
Gustav Lübbe 1993

Schweitzer, Albert, Kultur und Ethik,
Beck 1990

Lynch, Dudley & Kordis, Paul, Delphin Strategien,
PAIDIA Verlag 1992

Spitzbart, Michael, Fit Forever,
WESSP-Verlag

Spitzbart, Michael, Das Blut der Sieger,
WESSP-Verlag

Anhang (Desiderata)

Anmerkung und Richtigstellung

Dieses Gedicht wird sowohl im Internet, in Zitaten, als auch in Veröffentlichungen fälschlicherweise als Worte aus der St. Paul's Kirche in Baltimore auf 1692 datiert und zitiert.

In der Tat verwendete der Rektor der St. Paul's Kirche in Baltimore, Herr Frederick W. Kates, diesen Text von Max Ehrmann zwischen 1956 und 1961 und überschrieb ihn mit seinem Kirchennamen und des Gründungsdatums der Kirche. Der Text bewegte die Herzen so sehr, dass Kopien schnell über die ganze Welt verteilt wurden, so dass eine allgemeine und ausgeprägte Verwirrung über seinen Ursprung entstand.

Da zusätzlich unzählige Übersetzungen im Umlauf sind, anbei das Original in englischer Sprache:

The Desiderata

Go placidly amid the noise and haste, and remember what peace there may be in silence.
As far as possible, without surrender, be on good terms with all persons. Speak your truth quietly and clearly; and listen to others, even to the dull and ignorant; they too have their story. Avoid loud and aggressive persons; they are vexations to the spirit.
If you compare yourself with others, you may become vain or bitter, for always there will be greater and lesser persons than yourself. Enjoy your achievements as well as your plans. Keep interested in your own career, however humble, it's a real possession in the changing fortunes of time.
Exercise caution in your business affairs, for the world is full of trickery. But let this not blind you to what virtue there is; many persons strive for high ideals, and everywhere life is full of heroism.
Be yourself. Especially do not feign affection. Neither be cynical about love; for in the face of all aridity and disenchantment, it is as perennial as the grass.
Take kindly the counsel of the years, gracefully surrendering the things of youth.
Nurture strength of spirit to shield you in sudden misfortune. But do not distress yourself with dark imaginings. Many fears are born of fatigue and loneliness. Beyond a wholesome discipline, be gentle with yourself. You are a child of the universe no less than the trees and the stars; you have a right to be here. And whether or not it is clear to you, no doubt the universe is unfolding as it should.
Therefore be at peace with God, whatever you conceive him to be. And whatever your labors and aspirations, in the noisy confusion of life, keep peace in your soul. With all its sham, drudgery and broken dreams, it is still a beautiful world.

Be cheerful. Strive to be happy.

„Desiderata" was written by Max Ehrmann (1872-1945)

W0187807